井上 典之 著

スポーツを法的に考えるⅡ

―ヨーロッパ・サッカーとＥＵ法

信 山 社

はしがき

本書は、その姉妹編『スポーツを法的に考えるI――日本のスポーツと法・ガバナンス』の続編とでもいうべき内容になっている。この両方は、それぞれがそこで展開する内容を補足するような関係にあるといえる。そこで、このシリーズを執筆するに至った経緯をここで簡単に記しておく。

そもそも筆者がスポーツと法の関係やEU法に興味を持ったのは、既に四半世紀近く前の一九九七年から一九九八年のドイツ・バイロイト大学法学部への留学の際であった。そして、本書執筆の直接のきっかけは、二〇一三年から始まった『書斎の窓』での「スポーツ法とEU法」の執筆連載になる。本書の一部はその内容をベースにして、大幅に加筆・修正を施している。

ドイツ留学中に音楽家リヒャルト・ワグナーの聖地バイロイトのスポーツクラブにおいて、当時オリンピックの正式種目であったベースボールも行われており、筆者が日本人であることからそのチームへの参加を誘われた際に、非EU市民である日本人選手は一つのクラブチームに三人までしか登録できないこと、ＥＵ市民は人数制限がないことを聞かされて、イタリア人やオランダ人が人数制限なしでなぜ登録できるのか、同じ外国人なのに取り扱いに差異があるのはなぜかを疑問に思い調べた結果、本書第八章および第九章でも取り上げた欧州司法裁判所のボスマン判決に行きついたのであった。そこで初めてＥＵ法のもとではスポーツ選手の権利問題が基本的自由というＥＵの人権問題になるということを知り、筆者の「趣味と実益」が一致することから、日本帰国後にヨーロッパのスポーツ法の研究に従事することになった。筆者の初めてのドイツ留学となる一九九二年のドイツ滞在中には当時のＥＣからＥＵへの移行のための欧州連合条約（いわゆるマーストリヒト条約）が議論されており、筆者が指導を仰いでいたバイロイト大学法学部のペーター・ヘーベルレ教授のゼミナールでもそれが取り上げられ、ヨーロッパ統合プロセスにおいて経済統合から政治統合へというものがいかなる憲法的意味を持つのかを研究対象として取り扱われていた。これらの事情から、ＥＵ法そのものとの出会いがあり、しかもその具体的領域としてのスポーツ法を研究テーマにしたこと、また、現在のＥＵの基盤となるリスボン条約でスポーツが基本条約（欧州連合運営条約）の中に取り込まれたことがきっかけとなり、本格的にＥＵ法の研究を始めることになった。ちょうどリスボン条約が議論されていたその時期に、筆者の本務校である神戸大学でＥＵの当時のエラスムス・プログラムの一環として欧州委員会からの資金援助をうけて、ＥＵの教育・研究センターであるＥＵＩＪ関西を立ち上げる作業からかかわり、ＥＵＩＪ関西設置後はその関係者からの刺激を受けてＥＵそのものに興味を抱いたことも本書執筆の大きなきっかけとなっている。さらにその後、神戸大学理事・副学長の期間（二〇一三年から二〇一九年）には、神戸大学のブリュッセル・ヨーロッパセンターでの様々な仕事の関係で、ＥＵ関係者と出会い、色々と意見交換させてもらったことも大きな刺激であった。

以上のような事情から、その仕組みが複雑でヨーロッパ人でも理解しにくいといわれているＥＵという組織がいかなるもので、どのような権限を持つのか、同時に、本書の執筆中に起こったBrexitや東欧諸国のポピュリズムの一端を簡単に理解してもらえたら筆者の当初の目的は達せられたことになる。この点は、本書の読者の皆様の判断に委ねるしかない。これは、二〇一九年にＥＵの欧州委員会よりその称号を授与されたジャン・モネ・チェア・プロフェッサーとしての使命でもあるが、ドイツ留学がなければ興味を抱くことのなかったサッカーという競技を取り上げて本書を執筆した、「こよなく阪神タイガースを愛し、オペラも語れる憲法学者」を自称している筆者のチャレンジでもある。

本書の刊行もまた、姉妹編である『スポーツを法的に考えるⅠ――日本のスポーツと法・ガバナンス』と同様に、信山社・今井守氏に色々とお世話になった。本来ならばもっと早くに刊行されていたはずであったのに、偶然にもコロナ禍の影響で第三二回オリンピック・東京大会の開催が一年間延期されたという筆者にとっての幸いもあって、神戸大学での校務やコロナ禍での慣れないオンライン講義の実施など、筆者の側の様々な事情で執筆が大幅に遅れたにもかかわらず、辛抱強く脱稿を待ち続けていただき、本書を刊行していただけることに望外の喜びを感じている。ここに筆者から、今井守氏に対して特に感謝の意を表しておきたい。

二〇二一年三月

桜花がチラホラ開花している神戸大学六甲台キャンパスにて

井上典之

目次

目　次

スポーツを法的に考えるⅡ
――ヨーロッパ・サッカーとEU法

序　なぜEUか？

1　日本の問題を考えるために

スポーツ団体のモデルとなるヨーロッパ

近代オリンピック発祥の地はいうまでもなくヨーロッパである。そこでは、国際オリンピック委員会が組織され、オリンピック憲章が作成・起草されて、その趣旨に賛同する国々がオリンピック競技大会で実施される種目に代表選手を派遣して競い合うという国際的な競技大会の仕組みを作り上げた。当初、オリンピックは、スポーツの本来の目的に従ってアマチュアリズムの下でプロ選手の参加を認めず、平和の祭典として展開されていた。そのアマチュアリズムの精神は、これもヨーロッパ、特に英国発祥のプロ化が進んでいたサッカーとは対立し、サッカーの方は、選手登録されている者ならば誰でも代表になれるワールドカップ大会を、オリンピックとは別に企画し、国際サッカー連盟（Fédération Internationale de Football Association（仏語）：一般にはF

ＩＦＡとされる）を組織するに至る（実際にはアマチュア選手しか参加できないオリンピックで南米のウルグアイが連覇し、ヨーロッパ人のプライドが傷ついたことから一九三〇年からオリンピックとは別のプロ選手も参加できるサッカー単独の世界大会としてワールドカップが始まった）。その後、地域のサッカーという競技の更なる発展のために第二次世界大戦後の一九五四年には欧州サッカー連盟（Union of European Football Associations（英語）：一般にはＵＥＦＡ〔ウエファ〕とされる）が結成され、それらが国境を超えたスポーツの国際組織のモデルとなっていったのであった（本書の姉妹編である『スポーツを法的に考えるⅠ――日本のスポーツと法・ガバナンス』の第九章でアジアサッカー連盟の結成の方が微妙に少し早かったことは指摘しているが、それもＦＩＦＡの指導で行われたことを勘案すればモデルとなった点は同じといえる）。

日本も事情は同じ

日本でも、オリンピックへの参加のための大日本体育協会（現在の日本スポーツ協会）やサッカーの組織化に際しては、ヨーロッパをモデルにしているのは同じである。そのために、日本のスポーツ団体や組織運営の問題点を明らかにするためには、ヨーロッパの仕組みを十分に理解しておくことが不可欠となる。サッカーだけではなく、オリンピック開催に際して、コロナ禍にとどまらず、大会実施の責任主体になるべき組織委員会内部で様々な問題を提起する日本の組織形成のまずさ、経済成長戦略の一環としてのオリンピックや国際競技大会の位置づけの問題を検討するためには、どうしても本家ほんもとのヨーロッパの組織をモデルとして検討するが重要になるのはいうまでもない。特に、スポーツを法的視点で考えることについての馴染みの浅い日本にとって、スポーツ法という分野を独自に形成し、その下で議論が進められるヨーロッパは、法だけでなく様々な社会事象の複合領域として検討のモデルにもなるのである。

スポーツ法の検討は同時にＥＵをも対象にする

特に、日本のプロ・サッカーは、その規約をＵＥＦＡ所属のドイツ・ブンデス・リーガのそれをモデルとし、「Ｊリーグ百年構想」を打ち立てて、プロリーグとして社会の持続可能な発展を目指している点は、抽象的なレベルではなく、ヨーロッパにおける具体的な展開を知っておかなければ、その内容を理解しづらいことにもなる。その中で、社会の持続可能な発展という理念でのスポーツ競技の展開は、ヨーロッパでは、統一的な経済だけではなく、平和秩序の構築を目的に政治統合をも目指す欧州連合（European Union：通称ＥＵ）の仕組みの下で進められている。それは、地域的な国家連合体として、加盟国とは別個の公的政治共同体としてのヨーロッパ統合の道を進めていく組織体になる。したがって、本書の姉妹編である『スポーツを法的に考えるＩ――日本のスポーツと法・ガバナンス』の内容をより深く理解するためには、どうしてもＥＵとそれがヨーロッパのモデルとしたＵＥＦＡならびにＥＵ法の理解を下敷きにして考えていく以外に方法はない。そこで、本書は、日本の仕組み・問題とは別個に、ヨーロッパの、それもサッカーを中心にEUおよびEU法を取り上げることにする（この社会の持続可能な発展とサッカーについては本書第一〇章）。

2　複雑で理解しづらいEU

二一世紀の「新たな試み」としてのEU

EUは我々が念頭に置いているような国家ではない。しかし、EUの本部のあるブリュッセルで様々なことが決定され、EU加盟国はそれに従うというある程度の強制力を持った政体になっている。しばしばEUは、ドイツやフランス、イタリアやポーランド、ハンガリーなどの加盟国とは異なるといわれるが、それがいかなる意味なのか、EUの決定は加盟国の決定にも同時になるというのはなぜか、また、より一般的に、通常の市民が念頭に置く近代の主権・国民国家とは異なる形態とはいかなるものか、という点の考察から始めなければならないことには、ヨーロッパ・サッカーやスポーツ組織の特徴をしっかりと把握することが難しい。そこで、本書では、ヨーロッパで行われている統合のためのEUという二一世紀の未来へ向けた「新たな試み」がなぜ必要とされ、どのように発展してきたのかをまず概観することから出発する（本書第一章および第二章）。それは、加盟国のヨーロッパ人でも理解しづらいといわれているだけに、非ヨーロッパ人である日本人、アジア人にとっては必要不可欠といえるのであった。

統合への発展は同時に揺らぎをも引き起こす

しかし、ＥＵは未来に向けてバラ色の存在であるわけではない。二〇二〇年一月には、コロナ禍が始まるまさにその時期に、ヨーロッパの超大国であった英国がＥＵから離脱するというBrexitが起こった。さらにその前後、特に二〇一〇年代には、欧州懐疑主義から、特に東欧諸国、ポーランドやハンガリーで反ＥＵ的政策が展開され、ＥＵ加盟国が必ずしも一枚岩になってヨーロッパ統合へと進んでいるわけではない、ヨーロッパの揺らぎも起こっている。これまである意味で強引にヨーロッパ統合を推進していたＥＵ、特にブリュッセルの中枢部は、一旦その在り方についての再考に迫られているともいわれている。ここには、ＥＵが、加盟国から別個の公的政体でありながら主権国家としての加盟国によって結成されて、組織化されているということと無縁ではない。この点を、政治的共同体の法的仕組みという専門的研究分野の対象から語っても理解が困難になるのはいうまでもない（このＥＵの揺らぎと鎮静化のための仕組みについては本書エピローグ）。

サッカーから考える

ところが、ＥＵは、一定の競技団体としてヨーロッパ統合を推進してきたＵＥＦＡの仕組みを、やはりモデルとして利用している。したがって、その利用がどのようにしてなされたのかという点を考察して、サッカーというスポーツからEUを眺めれば、EUというものの実体も理解しやすくなるのではないだろうか。特にサッカーをEU法という法的視点から眺めれば、その類似性が看取でき（本書第四章および第五章、第六章）、問題の解決策も見えてくるのではないだろうかというのが本書の一つの試みである。それほどサッカーというスポーツは、ヨーロッパの市民社会に溶け込んでおり、生活の一部にもなっているということである。したがって、そのモデルとしてのEUを理解することが、日本のスポーツ団体の在り方についてのモデルとしてのヨーロッパ・サッカーという社会的、文化的事象を理解することにつながり、ひいては法的視点からEUを考える際にも重要になるといえるのである（本書第七章）。

3　日本とは異なるスポーツ選手の地位

スポーツ選手は尊敬される

法的視点からとらえた場合の、日欧での大きな違いは、選手に対する扱いにある。日本でもスポーツ選手はしばしばマスコミでも取り上げられ、その言動の態度や日常の言動が注目されることがある。これはヨーロッパでも同じであるが、その言動の影響力については日欧間で大きな違いがある。もちろんスポーツ選手の失言や不行跡についてはスキャンダルとして取り上げられるが、ヨーロッパでは、一般に世間でのスポーツ選手、特に有名選手の場合、活動自体に対して尊敬の目が注がれる。日本では高額年棒を稼ぐ有名選手は、お金持ちという視点でその言動が注目されることはあっても、スポーツという社会活動そのものに対して特別な感情で注目されることは稀になる。しかしヨーロッパでは、有名選手は、スポーツという競技の担い手として、その発展に寄与しているという観点から、大きな尊敬の念を抱かれる存在になる。ここに、選手本位の制度が確立され、プロであっても単純に経済性のみで運営されることにはならないし、後進の育成にも想像しがたいような力が籠められることになるのである（本書第八章）。

選手の法的地位は権利問題

この選手の地位は、確かに競技団体や所属クラブの判断に委ねられるという側面があるのは日本と同じであるが、問題が発生した場合には、それは、法的問題として選手の権利関係において取り上げられる。日本では、どちらかといえば団体の内部自律権の問題として、司法裁判所ではなかなか取り上げられないのに対して、ヨーロッパでは選手個人がＵＥＦＡというスポーツの上部団体の規約にかざ穴をあけることもあるような権利侵害の問題として裁判所で取り上げられる（本書第八章および第九章）。これは、ＥＵ法に特有の問題になるだけではなく、人権という近代立憲主義の母国であるヨーロッパの大きな特徴でもある。そこでは、プロ・スポーツの持つ経済性という側面が強調され、その観点からの議論になるが、経済の波に飲み込まれないように選手を個人として取り扱うというヨーロッパの法システムの特徴を垣間見ることができるのである。

4 特徴的なヨーロッパ・サッカーとEU法

結局は「多様性における統合」を目指して

もちろん経済性の観点からサッカーというスポーツを取り上げれば、一般市民法とのかかわりも登場する（本書第一一章）。しかし、そこで違法となる可能性は、スポーツのもう一つの特徴である公共性という側面から阻却されることになる。さらに、スポーツ自体の持つ公共性は、EUの下で展開されることによって、その基本価値となる近代立憲主義の原理・原則の実践にも同時に役立つ。したがって、未来に向けての「新しい形」としてのEUは、グローバル化を前提に展開されているサッカーというスポーツにより実践され、発展していくと考えることができる（本書第一二章）。そのうえで、現在生じているEUの揺らぎもサッカーというスポーツを参照することで一つの解決策の糸口が見えてくるのではないか、という構成で、本書は展開されている。

第一章　欧州統合への船出——ＥＵとは何か・その一

1　二〇世紀ヨーロッパの苦悩

近代の主権・国民国家の枠組み

近代の主権・国民国家は、一八世紀後半のフランス革命を通じて、それ以前の近世絶対主義王制の時代の領域国家から発展的に形成されていく。一定の地理的領域で、そこに居住する人々を、領主としての王が、その領域内での秩序を維持するために権力（実質的には物理的力）を行使して統治するという体制が、フランス革命とその後の対仏・ナポレオン戦争を通じて創り出され、そのような国民意識を基に、一九世紀前半のウィーン体制の下で国家という存在の枠組みが創造され、それが近代の主権・国民国家とされるのである。そのために、社会学的には、近代の主権・国民国家とは、一定の地理的領域（すなわち国土）において、そこに存在する人民（すなわち国民）を支配する統治権を備える存在だといわれる。そして、この国土・国民・統治権という三要素を備えている組織体が国家と呼ばれるという説明（これを国家三要素説という）は、近代の主権・国民国家の社会学的概念として広く受け入れられていくのである。明治維新の後に西洋列強に追いつこうとして近代国家形成を急いだ日本でも、大日本帝国憲法起草に際して伊藤博文は、この当時ドイツ国家学で提唱されていた国家理解を前提に、立憲君主制の確立を進めたといわれている。

悲劇を生み出す近代の主権・国民国家

近代の主権・国民国家は、それ自体である種の人間のまとまりのようなものを生み出した。言い換えると、それまでばらばらの存在でしかなかった個々人に、例えば言語、あるいは文化といった共有物を基盤にして、一定の集団への帰属意識を生み出すことで、一つの確固とした集合体の枠組みが形成されていったのである（これが高じるとナショナリズムに発展してしまう）。しかし、近代の主権・国民国家は、そこで引かれた国境というものの存在の故に、国土の拡大を欲する統治者による近代戦争を引き起こす結果をもたらすことにもなる。その拡大は、統治者個人の野心による場合もあるが、国民の食糧を確保するため、あるいは近代の産業革命以降の技術進歩に対応する資源の獲得を目指すためなど、様々な理由による。その結果として、近代戦争は、国家の強力な統治権の発動により国民を総動員して、国土や他国の領土の荒廃をもたらすような、同時に自国民だけでなく他国民をも不幸に陥れるような悲惨な結果を惹起した。二〇世紀のヨーロッパは、まさにそのような近代の主権・国民国家による総力戦としての二回の大戦の結果として、土地は荒れ果て、産業は荒廃し、人々は疲弊してしまうような悲劇に見舞われたのである。

主役を追われた欧州

近代以降、あるいは文明の歴史において主役となっていたヨーロッパは、二〇世紀の二回の大戦により、その主役の地位をも追われることになる。第一次世界大戦後は、ヨーロッパ大陸の荒廃と戦費の膨張のために、経済的に伸長してきた新大陸のアメリカ合衆国や、アジアで勢力を伸ばしてきた大日本帝国の台頭により、また大戦中の革命で登場したにイデオロギーの異なるソビエト社会主義共和国連邦による脅威の結果、それまで近代の先進国と考えられていたヨーロッパ諸国は、経済的にも文化の点においても、主役の地位を独占できないような状況に追い込まれていく。第二次世界大戦でも同じことが繰り返され、同時に、それまで主役であったヨーロッパの国々が米ソの冷戦構造に組み込まれるという悲劇をもたらすことになった（特に戦争当事国で敗戦国のドイツはその最前線に位置づけられ、半世紀近く東西分裂状態の国家になった）。ここに、二〇世紀半ばからのヨーロッパは、歴史における主役ではいられなくなり、その地位回復のための苦悩に満ちた日々を送るのであった。

2　苦悩からの自律的脱却の提案

まずは経済の立て直し

主役の地位の回復は、何よりもまず経済状況の立て直しを必要とする。戦争で荒廃した国土を復興させるには、何よりもまず経済の立て直しが必要とされた。そこで、終戦直後の一九四七年、冷戦構造の下でのソ連の脅威をいち早く緩和するために西ヨーロッパの復興を必要と感じていたアメリカは、西ヨーロッパ諸国への当座の資金援助を提案し、それが実行に移された（これは、アメリカの国務長官であったマーシャルの発案によるためにマーシャル・プランと呼ばれる）。ただ、この資金援助がいつまでも続くわけではなく（実際には一九四七年から五年間の一九五一年までのものであった）、援助が終了した後の経済復興をどのようにするのかが、ヨーロッパの一つの大きな課題になったのであった。

もう一つは平和の実現

経済状況の立て直しとある意味で表裏一体の関係に立つのが「平和の実現」である。日本でも同じであったが、近代の主権・国民国家による総力戦としての世界大戦の悲惨な経験は、二度と国土・国民を戦禍にさらされないようにするという、恒久平和の実現への思いを生み出した。

同時に、第二次世界大戦終戦直後のヨーロッパは、アメリカとソ連を中心にした東西冷戦の場となっていた。ドイツは東西に分断され、東欧では社会主義国家が誕生し、いつ冷戦が再び熱い戦争へと発展するか、非常に不安定な緊張状態にあった。そして、経済状態の立て直しが急務となっていた一九五〇年夏、東西陣営の紛争がアジアの朝鮮半島で勃発し、ヨーロッパも、そのような紛争勃発が他人事ではないことを、危機感として強く抱くようになる。そのために、核の時代に入っていた二〇世紀の後半を前にして、ヨーロッパ、特に西ヨーロッパでは平和実現のための独自のシステムを構築することの必要性を政治の世界で強く意識・認識するようになるのであった。

昨日の敵は今日の友

ヨーロッパの経済状況を立て直し、平和を実現するためのシステムを構築するためには、歴史的に敵対していたドイツとフランスが、まず手を結ぶことであった。すなわち、ブルボン家とハプスブルク家の争いに始まり、フランス革命後の対仏同盟やナポレオンによる侵攻、ドイツ第二帝国建国に際してのナポレオン三世とビスマルクの戦い、そしてその結果としての二〇世紀初頭のアルザス・ロレーヌ（ドイツ側から見ればエルザス・ロートリンゲンと呼ばれる）地方をめぐる領土問題をはじめとして、ライン川沿いのルール地方の鉱物をめぐる争いから、常に睨みあってきた独仏間の協力体制の構築が、何よりも当時の西ヨーロッパの平和と安全のためには必要とされたのであった。そのような時代的要請から、敵対国が手を結ぶ呼びかけを行ったのが、「ヨーロッパは一日にして成らず、また、単一の構想によって成り立つものでもない。事実上の結束をまず生み出すという具体的な実績を積み上げることによって築かれるものだ。ヨーロッパの国々が結束するためには、フランスとドイツの積年の敵対関係が解消されなくてはならない。いかなる行動が取られるにせよ、まず第一にこの両国がかかわっていなくてはならない」との一節を含む、一九五〇年五月九日のシューマン宣言である。

3 シューマン宣言

「フランスからドイツ」への提案

ロベール・シューマン（Robert Schuman）は、フランスの外務大臣として、独仏間の緊張関係を解消するために、西ヨーロッパの鉱工業の共同化構想を提案するジャン・モネ（Jean Monnet）の計画を採用して、シューマン宣言を発した。ただ、彼自身は、ルクセンブルクで生まれたが、ロレーヌ（現フランスの一部。当時はドイツ領のロートリンゲン）地方出身であった彼の父の血統から、生まれたときはドイツ人であった。そのために、シューマンは、ドイツの大学（最終的に学位はストラスブール大学で取得したが、当時はアルザス地方がドイツ領であったために、アルザスの中心地であったストラスブール（当時はドイツ語でシュトラスブルクと呼ばれていた）で学んだ彼の第一言語はドイツ語であった）で学業を修めたが、一九一九年、アルザス・ロレーヌ地方がフランスに返還された結果、フランス国籍を取得したことから、ドイツで学んだドイツ語訛りのフランス語を話す彼が、第二次世界大戦後、フランスの首相・外務大臣になったことは、独仏和解を象徴するような出来事でもあったといわれている。その意味で、欧州統合の出発点とされるシューマン宣言は、フランスからのドイツへの戦後復興のための助け舟のような役割をも果たすことになるになり、ドイツ連邦共和国（当時の(西)ドイツ）最初の首相であるコンラート・アデナウアー（Konrad Adenauer）は、西ドイツが西側陣営につくことを確認するとともに、独仏協調路線に向かうきっかけとして、シューマン宣言を「西ドイツの大きな転換点」と呼んだ。

世界平和へ向けた欧州の貢献

先に挙げた仏独の協調の一節に先立ち、シューマン宣言は、「世界平和は、それを脅かす危険に見合った創造的な努力を傾けることなしに守ることはできない。組織化された活気のあるヨーロッパが人類の文明になしうる貢献が、平和な国際関係の維持には欠かせない」との文章をまず冒頭に提示する。そのうえで、仏独の和解の提唱とヨーロッパの平和への貢献のために、「フランス政府は限定的ながらきわめて重要なひとつの分野でただちに行動が取とられるように提案する。すなわち、ヨーロッパの他の国々が自由に参加できるひとつの機構の枠組みにおいて、フランスとドイツの石炭および鉄鋼の生産をすべて共通の最高機関の管理下に置くこと」が提案される。そこでは、「石炭と鉄鋼の生産を共同管理することにより、ヨーロッパの連邦化に向けた第一歩となる経済発展の共通基盤が築かれるはずであり、ひいては、長きにわたって武器・弾薬の製造に躍起になり、絶えず自らその犠牲者となってきた地域の運命を変えることになる」とされ、「単純明解に、フランスとドイツの間のいかなる戦争も想像すらできなくなるばかりでなく、物理的にも不可能になる」と主張される。そして、シューマン宣言では、「最終的にはすべての参加国に同一条件で工業生産の基本要素を提供することになる強力な生産単位が設立されることで、参加国の経済統合に向けた正真正銘の基盤が築かれることになる」とともに、「その成果は、生活水準の向上と平和の実現に寄与するという目的に沿って、分け隔てなく、また、例外なく、全世界に提供されることになる」とされ、「長く血で血を洗う抗争を繰り返してきた国々の間にもっと寛大で深化した共同体を育てていく力になるかもしれない」との希望的観測を交えて、そこでの内容の実現へ向けた組織についての記述が展開されるのであった。

共通の最高機関の設置

シューマン宣言は、「平和の維持に欠くことのできないヨーロッパの連邦化における初めての実質的な基礎の実現」のために、「基幹生産物を共同管理し、フランス、ドイツをはじめとする参加国に対して拘束力のある決定権を持つ最高機関」の創設を提唱する。そして、「この共通の最高機関に課せられる任務は、生産の近代化と品質の向上、フランスとドイツ、他の参加国の市場に対する同一条件での石炭と鉄鋼の供給、他の国に対する共同輸出の振興、これら産業で雇用される労働者の生活条件の均一化と改善をできるかぎり短期間に確保すること」とされる。そこで構想されている「共通の最高機関は、対等の原則に基づいて参加国政府から任命される独立した個人によって構成される」ものであり、その「座長は政府間の共通の合意によって選任され」、同時に「最高機関の決定は、フランス、ドイツをはじめ参加各国で法的効力を持つ」ものとし、その「最高機関の決定に対して異議を申し立てるための適切な手続きが決められる」との内容が提示される。そして、このような構想を実現するための具体的方法が「参加国の間で調印され、批准のためにそれぞれの議会に上程される条約の主題」であることを確認し、シューマン宣言では、「明確に規定された目的の実現を促すために、フランス政府は……交渉を開始する用意がある」とするのであった（これまでに引用したシューマン宣言の邦訳は駐日欧州連合代表部のホームページより抜粋）。

4　欧州統合の基盤としての条約

条約に基づく欧州石炭鉄鋼共同体（ECSC）

シューマン宣言に示されたように、まず欧州統合は、石炭と鉄鋼の共同管理体制の発足から出発する。一九五一年四月一八日、パリにおいて、フランス、（西）ドイツ、イタリア、オランダ、ベルギー、ルクセンブルクの六カ国によって、欧州石炭鉄鋼共同体設立条約（いわゆるパリ条約）が締結された（一九五二年七月二三日発効）。この条約により、共同体の運営にあたる執行機関としての最高機関（これが後の欧州委員会）が設置され、それは、フランス、（西）ドイツ、イタリアから二名ずつ、ベネルクス三国から各一名ずつの任命された委員による合議体であった。なお、最高機関の委員は出身国政府によって任命されるが、自国利益の代表者ではなく、共同体全体の一般的利益を守り、それを促進する任務を果たすものとされた。

最高機関とは別に、欧州石炭鉄鋼共同体は、独自の機関として、「加盟国国民の代表」機関としての共同総会（後の欧州議会の前身になるが、この段階ではまだ最高機関の監督的機能しか持たなかった）、加盟各国政府の大臣クラスの代表で構成される閣僚理事会（後の理事会）、そして、条約の解釈・適用を行い、条約の遵守を確保する司法裁判所（後の欧州司法裁判所）も設置された。このように、ヨーロッパの一部の地域という地理的に限定されたものではあるが、主権・国民国家の枠組みを超えた統合的基盤が生み出され、同時に、物理的な力によってではなく、加盟各国に単一で共通のルールとその遵守を促す仕組みでの平和構築の試みが始まる。言い換えれば、ここに、本質的に武力を伴って戦争の脅威をもたらす近代の主権・国民国家の枠組みを超える超国家的連合体の基盤が築かれるのであった。つまり、地域的な平和領域の構築が目指されるのである。

英国の不参加

欧州石炭鉄鋼共同体（ＥＣＳＣ）の設立は、世界史上初の近代の主権・国民国家の枠組みを超える国際機関の設置を生み出すと同時に、そもそもの目的であった争いの種の石炭と鉄鋼（これが当時工業の中心であった重工業だけでなく軍需産業の原材料となっていた）の共同市場の形成にあった。ただそれにとどまらず、共同体における経済の成長・拡大、雇用の増進、市民の生活水準の向上といった内容も狙いとなっていた関係で、近代の主権・国民国家の枠組みにこだわった英国は、シューマンの呼びかけにもかかわらず、この共同体設立当初は加盟していなかった。ここに、欧州統合の出発点における英国の不参加が、まさにこの時代の主権・国民国家という枠組みへの固執を示す例として、この時代の特徴を的確に表している（英国は、出発点での不参加の理由として自国の主権の制限を嫌ったといわれており、グローバル化が叫ばれる現在においても、その点はあまり変わっていないということが、二〇一六年の国民投票によるＥＵからの脱退（いわゆる Brexit）においても垣間見ることができる。特にBrexitのきっかけは、ＥＵが英国の主権を侵害していると主張した現首相のボリス・ジョンソンにあったといわれている）。それとともに、この段階ではまだ、全体としてやはりその前提に近代の主権・国民国家の枠組みが強く残存し、共同体の活動は、あくまでも条約に示される範囲内のものとして、経済だけでなく平和実現のための全体的統合には十分な機能を果たせないままであった。

共同体発展の可能性を残し

ただ、一定の限られた分野であっても、共同での管理・運営という統合が始まると、その流れは広く経済一般の領域に大きく影響してくることになる。そして、それが経済の領域に限られるものであったとしても、必然的に政策形成・政治面での統合においても、大きな役割を果たしていくようになり、共同体への参加を求める国も増加していくことになる。まさに欧州統合は、このようにして始まったということができるのである。

第二章　規範複合体として――ＥＵとは何か・その二

1　欧州石炭鉄鋼共同体（ＥＣＳＣ）からＥＣへ

まず経済から始めよう

石炭・鉄鋼という限定的分野が出発点になり、欧州統合が始まった。しかし、直接的な平和実現という意味での安全保障に関しては、東西冷戦の状況下で、英米中心のシステムの中に西ヨーロッパ諸国は組み込まれていった（いわゆるＮＡＴＯへの加盟）。それとは別に、大陸における西ヨーロッパの経済復興という課題は、限定的分野ではなく、より広い経済的な一体化を作り出すことが必要ではないかとの意見もあり、オランダが中心になって欧州の「共同市場」の構築構想が提唱されるようになる。それと同時に、不安定な当時の中東情勢からのヨーロッパでのエネルギー危機に鑑みて、石炭・石油以外のエネルギー分野での協力体制の構築も必要とされ、一九五七年三月二五日、欧州石炭鉄鋼共同体（ＥＣＳＣ）の加盟国間で欧州経済共同体（ＥＥＣ）と欧州原子力共同体（Ｅｕｒ ａｔｏｍ）の設立をうたったローマ条約が締結された（実際には、ローマ条約と総称されるが、欧州経済共同体設立条約と欧州原子力共同体設立条約の二つの基本条約から成る。なお、このローマ条約は一九五八年一月一日に発効）。このようにして、一九五〇年代に西ヨーロッパの中心国によって、アメリカに対するヨーロッパの自立性を確保する目的も含め、欧州統合へ向けた経済を中心とする三つの共同体が設立されたのであった。

三つを一つに

ただ、三つの共同体は、当初、必ずしも一体的ではなく、別々に活動領域を区分した限定的なものであった。つまり、欧州経済共同体（ＥＥＣ）は、各国の工業分野の価格形成と交通・輸送セクターでの協力体制や農業生産を含めた広く市場という経済分野において統一市場を形成するとともに、そのための加盟国間での関税同盟の形成を目指し、欧州原子力共同体（Ｅｕｒａｔｏｍ）は、石炭に代わる新しいエネルギー部門としての原子力に着目し、ヨーロッパの原子力エネルギー部門の統合をそれぞれ担う別個の組織とされ、ここに、ヨーロッパ統合へ向けた三つの共同体が並立している状態が生み出された（ＥＥＣもＥｕｒａｔｏｍも執行機関としての委員会、共同総会をそれぞれ設置しつつも、司法裁判所は三共同体共通の機関とされた）。

以上のように、発足当初、これら三共同体は個別の機関・枠組みで活動していた。ただ、一つの機関のもとでそれぞれの目的達成の活動を運営することが欧州統合のためには必要ではないかとの認識も芽生え、それを効率的に進めるべく、一九六五年四月八日、ベルギーのブリュッセルにおいて、「欧州諸共同体の単一の理事会および委員会を設立する条約」（これは統合条約あるいはブリュッセル条約と呼ばれる）が締結された（一九六七年七月一日発効）。ここに、三つの共同体は一つに統合され、それまでの諸機関が欧州委員会、閣僚理事会、欧州議会、欧州司法裁判所という機関へとまとめ上げられた。その結果として、三つの共同体は、そのまとまりを示す総称として欧州諸共同体（European Communities：通称ＥＣ）という名称がこの段階から使われるようになる。なお、それと同時に、七〇年代から始まるＥＣの拡大の合意形成のために、加盟各国の首脳が集まる会合（条約上は「国家元首または政府の長で構成される会議」）が定期的に開催されるようになる（この首脳会合が後にＥＵの欧州理事会になる）。

英国加盟から始まるＥＣの拡大

一九六〇年代後半からのＥＣによる市場統合の展開は、非加盟国からみても非常に魅力的なものになっていった。特に、ＥＣに対抗して、一九六〇年にドーバー海峡を挟んだ隣国の英国を中心として作られていた欧州自由貿易連合（ＥＦＴＡ）が必ずしも有効に機能せず、また、冷戦構造下において西ヨーロッパの分裂を危惧したアメリカの思惑もあり、英国は外交方針を転換し、ＥＣへの加盟を望むようになっていった（これにはフランスのド・ゴール大統領が否定的な態度を示したために、しばらく停滞状態になる)。ただ、七〇年代に入り、ド・ゴール退陣後、フランスも態度を軟化させ、一九七三年一月一日、英国とともにデンマークがEFTAを脱退し、アイルランドとともにECへの加盟を果たし、ここに、欧州統合のための拡大の第一歩が記されることになる(加盟という用語が一般的に使われているが、法的にはEC条約を承認・批准することで条約加盟国になる、という形で加盟国の拡大が始まる)。

ECの量的拡大と質的停滞

この英国の加盟をうけて、欧州委員会は、英国の政治家ロイ・ハリス・ジェンキンス(Roy Harris Jenkins)の委員長時代に経済通貨統合の進展を推し進め、一九七九年、地域的半固定為替相場システムとしての欧州通貨制度(EMS)を設置し、バスケット通貨としてエキュ(European Currency Unit からECUと表記され、これが一九九九年一月一日以降はユーロに変わる)が使われるようになった。その意味で、一九七〇年代は、欧州統合へのECの質的・量的拡大が始まる時期(なお、英国等の加盟の前、一九七〇年には、ルクセンブルク報告書に基づき、各国外相によるEC加盟国政府間の外交政策の協力枠組みとして欧州政治協力(EPA:但し、このEPAという表記は後に経済包括協定の略語として利用されることになる)が発足している)になる。量的拡大は一九八〇年代にも続き、一九八一年一月一日にはギリシャが、一九八六年一月一日にはスペインとポルトガルがそれぞれECに加盟するが、石油危機や冷戦状態の進行のために西ヨーロッパ諸国全体が国内に向かう内向きの姿勢をとり、八〇年代前半は、質的拡大の停滞時代になってしまうのであった。

2　質的拡大からＥＵへ

域内市場の構築

　ＥＣは、経済を梃子にして欧州の統合を図り、恒久平和を実現しようとする目標へと進む超国家的システムであった。その目標に向かって、ＥＣは一九八〇年代後半から質的拡大を再度試みるようになる。その第一歩が、フランスの経済学者で政治家のジャック・ドロール（Jacques Delors）の委員長時代の欧州委員会の下で、一九八六年二月一七日のルクセンブルク、一九八六年二月二八日のハーグにおける調印を経て、一九八七年七月一日に発効した単一欧州議定書（Single European Act）の締結である。この議定書は、ローマ条約を大幅に修正し、ヨーロッパの「域内市場」の概念を打ち出し、その成立には各国間に残存する障壁を除去し、制度面での調整を行い、ヨーロッパ各国の競争力の向上が必要とされると同時に、そのためのＥＣの諸機関における議決手続を改め、よりスムーズに域内での統一へと向かう方法を模索する出発点になった。すなわち、ヒト、モノ、サービスおよび資本の自由移動が確保される域内での国境のない領域の形成を意味する域内市場を形成し、欧州の統合を進展させる内容を展開するのである。同時に、単一欧州議定書は、Ｅ

Cから欧州連合（EU）へと進んでいく道標となる外交・安全保障政策を含む欧州政治協力の概念も正式に取り入れ、欧州の域内市場の成立・完成を一九九二年に設定する。ここに、欧州統合の質的拡大（特に域内市場という巨大市場における競争により、欧州全体に経済的活性化がもたらされる改革）も開始されることになる。

国境検査なしの移動の自由は警察協力も伴う

単一欧州議定書調印前の一九八五年六月一四日、ルクセンブルクのシェンゲン（実際にはシェンゲン近郊のモーゼル川の船の上）において、フランス、（西）ドイツ、ベネルクス三国は、国家間において検査なしで国境を越えることを許可するシェンゲン協定（正式名称は「当事国の国境における検査の段階的撤廃に関するベネルクス経済同盟諸国、ドイツ連邦共和国およびフランス共和国の各政府間での協定」）を締結する（実際には一九九〇年に署名される施行協定を併せてシェンゲン協定と呼ばれる）。このシェンゲン協定では、五カ国間の国境管理が廃止され、人の移動の自由が確保されると同時に、その結果として懸念される犯罪の広域化に対応するために、各国警察や出入国管理当局の間での情報共有や捜査協力を強化しつつ、対外的な移民・難民政策を可能な限り共通にする約束がなされた（一九九〇年の施行協定により、五カ国間でシェンゲン情報システムが構築されて各国のデータベースがネットワーク化され、犯罪者や域外からの移民の個人情報が共有されるようになる）。

ベルリンの壁崩壊と欧州連合への展開

このような一九八〇年代後半までの量的・質的拡大の中で、ヨーロッパにおける一つの大きな出来事が、一九八九年一一月九日のベルリンの壁崩壊であった。というのも壁崩壊の後、旧東ドイツが五つの州に再編され、それがドイツ連邦共和国（旧西ドイツ）に編入されるという形でドイツの再統一が達成された（一九九〇年一〇月三日）結果、ＥＣがドイツ連邦共和国に吸収された旧東ドイツ領域にも拡大されることになり、冷戦時代の東側へもＥＣが拡大する可能性を示唆したからである。結局それは、将来において社会主義体制の崩壊後の東ヨーロッパ諸国が自由主義体制の下でＥＣ、特にヨーロッパの域内市場に参入する可能性を暗示するものになった。そのために、そして準備段階として、冷戦後の欧州統合へのプロセスとして、各国が政治・政策形成の分野においても協力を強化する体制の構築が求められるようになる。そこで、経済統合を主たる内容とするＥＣを一つの柱に、司法・内務協力（これは後に移民・難民問題をＥＣの領域に移管することで警察・刑事司法協力になる）を第二の柱としつつ、単一欧州議定書で提示された欧州政治協力を共通外交・安全保障政策として第三の柱とする欧州連合（European Union）へと発展させることになる。そして、一九九二年二月七日、オランダのマーストリヒトにおいて欧州連合条約（一般にこれがマーストリヒト条約と呼ばれる）が調印され、その条約発効の一九九三年一一月一日、欧州連合（ＥＵ）が発足することになったのである。

3　マーストリヒト条約からリスボン条約へ

条約改正による統合の深化　マーストリヒト条約により設立されたＥＵは、「三つの柱」構造のもとで欧州のさらなる統合を進めることになる。その第一段階が、マーストリヒト条約（欧州連合条約）やローマ条約（欧州共同体条約）を大幅に改正する、一九九七年一〇月二日に調印されたアムステルダム条約である（一九九九年五月一日発効）。そこでは、市民権や個人の権利をより尊重する内容となっており、また欧州議会がＥＵの政策決定に関与することを強化することで民主的統制を増強し、雇用問題や共同体の自由、安全保障、司法政策についても触れ、さらに共通外交・安全保障政策の深化やＥＵ拡大に備えたＥＵ内部の機構改革についても規定される。同時に、ＥＵは、このアムステルダム条約により、域内における人の自由な移動を保障することに限って、移民に関する法や、私法、民事訴訟法を制定できるようになり、また、警察・刑事司法分野についての政府間協力が強化され、加盟国はこれらの活動についてより効率的に行えるようになる。さらに特に後者の実現に向けて、国家間において検査なしで国境を越えることを許可するシェンゲン協定もまたＥＵの法体系に組み込まれ、その結果、ＥＵの目的は、単にＥＣにおける経済・社会領域における統合にとどまらず、平和へ向けた域内に住む市民の自由、安全、正義を確保することを前面に押し出していくことになる（このアムステルダム条約でＥＵの基本理念が明示され、それが現在の欧州連合条約三条になる）。

東への拡大の準備のための条約改正

アムステルダム条約締結前の一九九五年一月一日、オーストリア、スウェーデン、フィンランドがＥＵに加盟し、ここに欧州統合が東側へと進んでいくことになる（なお、スカンジナビア三国の一つであるノルウェーは一九七二年に続き一九九四年の二度目の国民投票によりＥＵ加盟を否決している）。そして、東側への拡大を予想してさらなるＥＵの機構改革の必要性から、二〇〇〇年一二月一一日にニースで開かれた欧州理事会において合意され、二〇〇一年二月二六日に、再びマーストリヒト条約（欧州連合条約）やローマ条約（欧州共同体条約）を改正する条約（これがニース条約と一般に呼ばれる）が調印された（二〇〇三年二月一日発効）。このニース条約の主要な目的は将来の拡大に対応するための機構改革（ＥＵ／ＥＣ諸機関の権限の強化と欧州議会定数の改訂など）を実施することであったが、必ずしも加盟国全体の意見の一致をみることができず、改革は中途半端に終わっていた。特に、ＥＵの三つの柱構造については維持しつつ、二〇〇二年に失効する欧州石炭鉄鋼共同体の事後処理を含めて、複雑化する個別ばらばらの共同体の基本条約を一本化し、異なる法人格の三つの共同体（欧州共同体、欧州原子力共同体、欧州石炭鉄鋼共同体）を統合すべきではないかとの議論もなされたが、ニース条約では、まだ加盟各国の思惑が異なり、完全な統合には至らなかった。この点は、将来に向けてさらなる議論を続けていくことが確認されたにとどまる。

EU独自の基本権保障

欧州の政治的統合を進めようというEUの設立により、その諸機関による政治的権力の行使が認められるようになれば、ヨーロッパの法的な視点での歴史的伝統から、当然に域内市民の政治的、社会的、経済的権利を法的に保障することが必要になる。そこで、一九九九年、欧州理事会（一般には閣僚理事会と区別するためにこのように呼ばれていたが、当時はまだその正式名称は「国家元首または政府の長で構成される会議」であった）は市民のための基本権保障の法的基盤を構築するための国家元首、政府首脳、欧州委員会委員長、欧州議会と加盟国内議会の議員の代表で構成される組織を設置することを提案した（一二月に「人権と基本的自由に関する欧州コンベンション」として設置）。これを受けて、二〇〇〇年一〇月二日、欧州コンベンションは基本権保障のための草案を採択し、同年一二月七日に欧州議会、閣僚理事会、欧州委員会は、それをEU基本権憲章として公布した。

EU基本権憲章は七編五四か条で構成され、このうち前六編は尊厳、自由、平等、連帯、市民権、司法というそれぞれの見出しの下に実体的権利・自由の保障を定め、また第七編は基本権憲章の解釈と適用について規定する。このEU基本権憲章の大部分は、EUとは別のヨーロッパ評議会（Council of Europe：一九四六年のチャーチルの提案により、一九四九年五月五日のロンドン条約により設置された機関）により採択されていたヨーロッパ人権条約（ヨーロッパという地機内での主に自由権の保障を目的としてヨーロッパ評議会により作成された条約。一九五〇年一一月四日にローマで調印され、一九五三年九月三日に発効）や、ヨーロッパ社会権憲章（ヨーロッパ評議会によりヨーロッパ人権条約にはない社会権を補充・明記するために一九六一年一〇月一八日に採択された条約）、従前の欧州司法裁判所の判例、既存のＥＵ／ＥＣの法令の規定を基礎として作られ、基本権憲章の五一条一項において、本憲章はＥＵの諸機関、ＥＵの法令によって設立された組織、そしてＥＵの法令を執行する場合における加盟国を規律対象にすることが明記されている。これにより、ＥＵは、加盟国の憲法典による基本権保障とは別次元で、市民に対して独自の基本権保障の体系を備えるのであった。但し、まだこの段階では、このＥＵ基本権憲章は、法的拘束力がなく、ＥＵ諸機関の行動を規律するための指針的意味しか持っていなかった。

憲法制定による連邦国家化の失敗

加盟国および域内市民に対し、欧州統合のためにＥＵが直接公権力を行使する機関として位置づけられるとするならば、それはＥＵそのものが、加盟国を構成主体とする連邦国家化により疑似国家になるのが一番手っ取り早い方法となる。そこで、アムステルダム条約とニース条約によって修正されたマーストリヒト条約（欧州連合条約）とローマ条約（欧州共同体設立条約）を一つの条約に統合することを原点にして、ＥＵの正当性は欧州市民と加盟国から賦与されることを出発点に、欧州統合の最終目標を議論するための「欧州の将来に関するコンベンション」（議長は元フランス大統領のジスカールディスタン（Valéry Giscard d'Estaing）で、二〇〇一年一二月のラーケン宣言をうけて設置）が、二〇〇三年七月に「欧州のための憲法を制定する条約」（これが欧州憲法条約と呼ばれる）案を発表し、二〇〇四年一〇月二九日、欧州憲法条約はローマにおいて加盟国の代表により調印された。そこでは、ＥＵの機構体制を改め、東方拡大後もＥＵの行動能力の維持のために内部での協力体制を強化することや個々の加盟国の拒否権発動を減らすと同時に、ＥＵ基本権憲章を内部に取り入れ、市民の民主的な関与を深めるために欧州議会の権限を高めることも目的となっていた。そして、この憲法条約は、その発効にはすべての加盟国における批准承認が必要とされていた。

当初、この欧州憲法条約は、加盟二五カ国（なお、ニース条約発効後の二〇〇四年五月一日にはそれまでの一五カ国に加えてラトビア、エストニア、リトアニアのバルト三国、キプロス、チェコ、スロバキア、ハンガリー、ポーランド、マルタ、スロベニアの一〇カ国がＥＵの加盟国になっていた）の元首（あるいは加盟国元首により指名された全権代表）全員により署名・調印されたことから、当然、加盟国すべてで批准されると考えられていた。そして、スペインでの二〇〇五年二月二〇日の国民投票が賛成多数により批准承認へと動いたことから、ＥＵの疑似国家化が進むように思われた。ところが、市民のプレッシャーにより実施された二〇〇五年五月二九日のフランスでの国民投票、二〇〇五年六月一日のオランダでの国民投票により、批准反対の意思表示が示され、いっきに欧州憲法条約の発効が疑わしくなっていく。また、国民投票の実施を約束していた英国では、フランスとオランダの国民投票の否決結果をうけて、その実施には意味がないとして国民投票を中止し、チェコ、ポーランド、デンマーク、アイルランド、ポルトガル、スウェーデンでも批准手続を中止した（なお、ドイツでは、連邦議会、連邦参議院での批准は終了していたが、国民投票をせずに批准することの問題が連邦憲法裁判所に持ち込まれ、その決定が下るまで連邦大統領は条約の批准に署名することを留保しており、結果的には批准承認手続は完了していなかった）ために、欧州憲法条約によるＥＵの機構改革は失敗に終わることになる。

憲法条約の修正の模索とリスボン条約

欧州憲法条約の発効は断念しても、ＥＵそのものは機能していたし、欧州統合へ向けての進展はストップさせることができない点での加盟国の一般的合意はあった。そこで、行き詰った憲法条約の内容から国家的色彩を帯びたものを除去しつつ、本質的にはＥＵをより機能的に運営できるようにする改革案が模索されるようになる。そのために、二〇〇七年六月四日に現行のマーストリヒト条約（アムステルダム条約・ニース条約で修正されたもの）の差し替え、現行のローマ条約（これも同じ）の修正、ＥＵ基本権憲章の法的拘束力の付与を内容にする条約の改革提案が出された。その結果、二〇〇七年一二月一三日、「欧州連合条約および欧州共同体設立条約を修正するリスボン条約」が加盟国の代表らによって署名され、すべてのＥＵ加盟国の批准手続の完了を要することが規定された結果、その手続の完了を経て二〇〇九年一二月一日に発効した（当初は二〇〇九年一月一日の発効が予定され、条文上でそのように示されていたが、アイルランドでの手続の遅延から、条約発効が遅れた）。なお、リスボン条約とは、本来的には上述の修正のための条約を指すが、最近では、修正後の「欧州連合条約」および欧州共同体条約（ローマ条約）の改正条約である「欧州連合運営条約」の二つを総称的に指して用いられることが多い。

4　条約によって創られた超国家的連合体

すべての活動は条約の範囲内

リスボン条約により、現在のＥＵは活動している。ＥＵそのものは、「平和、連合の価値、すべての加盟国国民の福祉を促進すること」を目的に、「自由、安全および正義の領域」を域内の市民に提供するものとして存在する（欧州連合条約三条一項および二項一文）。そして、ＥＵは、「欧州連合条約および欧州連合運営条約」において加盟国によってＥＵに付与された権限の範囲内でのみ活動し、付与されていない権限は加盟国に留保される（これを権限付与の原則という。同条約五条二項）。ＥＵと加盟国は、条約から生じる任務の遂行に際して、十分相互に尊重し、かつ支援すること（同条約四条三項）が規定され、ＥＵの排他的権限に属さない領域においては、補完性の原則に従い行動することが定められる（同条約五条三項）。以上の一般原則を定めたうえで、「欧州連合条約および欧州連合運営条約」をＥＵの基本法規とするとともに、ＥＵ基本権憲章をもそれと同等の法的価値を持つものと位置づける（同条約六条）と同時に、条約の改正手続を定め（同条約四八条）、その効力を無期限とする（同条約五三条）ことで、ＥＵおよび条約により設置される諸機関を永続的なものとする。なお、このリスボン条約より、拡大のためのＥＵへの加盟規定（同条約四九条）だけでなく、縮減の可能性を秘めるＥＵからの脱退を加盟国の権利としてその手続に関する規定（同条約五〇条）も設けている（二〇二〇年一月三一日の英国の離脱、すなわちBrexitは、まさにこの五〇条の離脱権行使に基づくＥＵからの初めての脱退となっているが、このリスボン条約に基づく離脱前にもアルジェリアやサン・バルテルミー、グリーンランドはフランスからの独立や自治権の承認に基づく住民投票、デンマークからの自治権承認による住民投票によりＥＣあるいはＥＵから離脱していた）。

なお、この権限付与の原則に従い、ＥＵの機関も明示される。ＥＵ市民の代表機関として立法権限と予算権限を行使する欧州議会（欧州連合条約一四条）、ＥＵ加盟国代表機関とし

欧州委員会

て、ＥＵの一般的な政治的方向性と優先順位を決定する欧州理事会（同条約一五条）、ＥＵ加盟国の担当閣僚によって構成される加盟国の政府代表機関として、議会と共同で立法・予算権限を行使する理事会（同条約一六条）、ＥＵの一般的な利益促進のための活動を行い、法執行機関としての位置づけを与えられる欧州委員会（同条約一七条）、ＥＵの共通外交・安全保障政策を遂行する外交・安全保障上級代表（同条約一八条）、法をめぐる紛争を解決する欧州司法裁判所（同条約一九条）、そして欧州中央銀行と会計検査院（この両者については欧州連合運営条約で規定される。同条約一三条三項）であり、欧州議会、理事会、欧州委員会を補佐する諮問機関としての欧州経済社会評議会と欧州地域評議会（同条約一三条四項）である。なお、これらの諸機関も、条約において自己に付与された権限の範囲内で、それらの定める手続、条件および目的に従ってのみ活動するものとされている（同条約一三条二項）。

独立の法人格は持つが……

ＥＵは、リスボン条約までの諸共同体を一体化する連合体として、それまでの諸共同体が有していた法人格をまとめて、一つの独立した法人格を付与されている（欧州連合条約四七条）。その意味で、法学的に見ればＥＵは、加盟国から独立した一つの法主体となる公法人である。そして、そこには一定の公権力を行使する機関が存在し、加盟各国および領域内に存在する私人をも強制力を持って拘束する権力行使を行うものとなる。その点を形式的にとらえれば、ＥＵは近代の主権・国民国家類似の存在とみなすことも可能になる（国家は独立した一つの法人格を有するとする考え方で国家法人説と呼ばれる）。しかし実質的に見れば、ＥＵそれ自体は、独自の領土も国民も有せず、リスボン条約をはじめとする加盟国により承認された範囲でＥＵ諸機関により定められる法規範によって認められた範囲内で公権力（一種の統治権）を行使するだけの存在になる。その意味で、ＥＵそのものは近代の主権・国民国家とはいえない、まさに一つの規範複合体としての存在にすぎない。すなわち、欧州連合条約や欧州連合運営条約、ＥＵ基本権憲章などの基本条約に基づき「自由、安全および正義の領域」を域内の市民に提供する「最高の虚構」としての、近代の主権・国民国家を越えた未来の統治形態の試みになっているということである。

分かりにくい存在を理解するために

EUの諸機関が条約により設置されると同時に、その条約によって授権された範囲内で当該条約を執行する存在となっていることから、EUは、これまでの時間的流れの中で現れる通り、条約をはじめとし、その執行のためのEU法によって構成される法規範の複合体となる。そして規範複合体として構成されるEUは、国家として存在しているわけでも、国際連合のような国際機関として単純に存在しているわけでもないがゆえに、その存在を理解することは非常に困難になる。確かに、主権・国民国家の存在を前提に「多様性における統一（Unity in Diversity）」を理念として欧州統合を目指すEUについては、これまでの法的・政治的伝統の中で現在でも神話のようにその存在に対する思い入れがみられる近代の主権・国民国家というものを強調して、EUの下での欧州統合の試みに水を差すような傾向も近年では明らかになってきている（その代表が二〇一六年六月二三日の英国でのEU離脱承認の国民投票とその後の英国の対応やハンガリー、ポーランドのポピュリズムによるEUへの反抗）。そこで以下では、分かりにくいEUという存在を、ある程度分かるものとして理解するために、欧州統合の一つの触媒としての役割を果たすと同時に、一定の目的団体として欧州統合を実現しているスポーツ、特にサッカーの例を取り上げて、規範複合体としてのEUというものを検討していくことにする。そこでは、加盟各国の独自性を認めつつもスポーツの持つ市民の統合的作用によって、まさに「多様性における統一」が実現され、同時に、経済的活動としてＥＵの規律にも服する欧州全体をまとめる組織体が存在しているのである。

第三章　欧州統合への道のりとスポーツ

1　EUへの参加拡大

EUへの加盟国の増加

二〇一三年七月一日、クロアチアがEUに加盟した。旧ユーゴスラビアから独立した国としては二〇〇四年五月一日のスロベニア以来二カ国目、新規加盟としては二〇〇七年一月一日のブルガリア、ルーマニア以来のこととなり、これでEU加盟国は二八カ国になった。なお、二〇一六年の段階で、英国が国民投票によってEUからの離脱を決めたものの、その手続に関しては、様々な難題が積み重なって登場していると同時に、英国の国内裁判所で議会承認の必要性が確認され、市民の間での不安が取りざたされている（現実には Brexit と呼ばれる英国のEU脱退は、紆余曲折を経て二〇二〇年一月三一日に実現し、現在はEU二七カ国といわれている）。そのような状況の下でも、トルコ、マケドニア、アイスランド、モンテネグロ、セルビアが加盟候補国、アルバニア、ボスニア・ヘルツェゴビナ、コソボが潜在的加盟候補国となっており、今後もEUが拡大する可能性は大いに考えられるところであって、ヨーロッパは拡大による統合へと向かっているといえる。なお、二〇〇九年に創設された旧ソ連邦の諸国とEUとの間での東邦パートナシップの下で将来的なEU加盟を目標としているウクライナ、モルドバ、ジョージアの三カ国は連合協定と呼ばれる包括的な自由貿易協定を締結し、双方の間の貿易経済活動にEUのルールを浸透させてヒト・モノ・カネの動きを活発化させて政治、貿易、社会文化、安全保障上の結びつきを強めているが、当該三カ国はまだEUの潜在的加盟候補国としては認識されていない。ここには、EUの東方拡大に関連して、EUとロシアとの間の微妙な政治的関係が影響しているといわれている。

EUの出発点

EUによる欧州統合は、前述の通り、直接にはフランスの政治家ジャン・モネ（Jean Monnet）の構想を基に、フランス外相のロベール・シューマン（Robert Schuman）が一九五〇年五月九日に発したシューマン宣言にその端を発する（そのため、現在、五月九日はヨーロッパ・ディとされているし、ベルギー・ブリュッセルのEUの諸機関のある地域はシューマンという地名になっている）。そのシューマン宣言に従い、一九五一年四月一八日にパリで調印された欧州石炭鉄鋼共同体条約（ECSC：なお共同体の設立は一九五二年七月二三日）に参加したのは、フランス、（西）ドイツ、イタリア、オランダ、ベルギー、ルクセンブルクの六カ国であった。

この欧州石炭鉄鋼共同体（ＥＣＳＣ）から出発して経済的統合・単一市場の形成を目指した欧州共同体（ＥＣ）への進化の過程で英国やギリシャ、デンマーク、アイルランド、スペイン、ポルトガルといった西欧諸国が参加し、一九九三年一一月一日に発効したマーストリヒト条約（正式名称は欧州連合条約）による政治的側面をも含めて欧州統合を掲げた欧州連合（ＥＵ）へと進む道筋をたどる約六〇年の間に、欧州は、永世中立国のスイスや国民投票で加盟反対を表明したノルウェーなどを除けば、ヨーロッパ大陸を覆うほぼすべての国の加盟（あるいは加盟候補）による地域的な超国家的連合体への道を突き進んでいる。そこには、様々な利害が絡みながらも、加盟国とは別個の独立した国際法主体としてのＥＵへの参加に、ヨーロッパの各国が一定の意義を見出す傾向がみられる。すなわち、特に二一世紀に入って、二〇世紀末に自由主義経済への転換を行ったために単一市場としてのヨーロッパへの参加に遅れまいとする旧東側諸国が、まずはＥＵに参加することに意義があると考えて、ＥＵへの加盟を求め、それを実現しているといえるのである。ただ、この東欧諸国は、経済体制は自由主義化され、国家の政治体制は民主主義化したものの、実体は必ずしも西側のようにリベラリズムに基づく立憲国家体制を整えているか否か不安定な状態でのＥＵ加盟であったことが後に明らかになっていくのであった。

2　参加することに意義がある

「平和の祭典」：オリンピック

この「参加することに意義がある」という命題は、まさに四年に一度、「平和の祭典」として開催される近代オリンピック大会の生みの親で、フランスの教育者であったピエール・ド・クーベルタン（Pierre de Coubertin）男爵が提唱した言葉とされている（現実には彼が考え出したものではないとも言われているが）。そして、オリンピックが「平和の祭典」と呼ばれるのは、第一次および第二次世界大戦中、その開催が中止され、戦争がない世界でのみ開かれる大会となっているからでもある。それは、近代ヨーロッパの成立によって唱えられた法の支配を支える基本原理を参考に、国際オリンピック委員会（ＩＯＣ）によって採択されたオリンピズム（近代オリンピックを支える基本理念）の根本原則の一つの中に、オリンピズムの目的が「人間の尊厳保持に重きを置く、平和な社会を推進すること」（オリンピック憲章「オリンピズムの根本原則・第二項」参照）とされている点からも、近代オリンピックは、その競技大会の開催そのものが人間のための平和な社会の象徴とされることになる。

この「平和の祭典」が開かれなかった最初の例は、一九一六年の第六回ベルリン大会である（なおその後、ベルリン大会は一九三六年に第一一回大会として開催され、オリンピズムという

ベルリン・オリンピアスタディオン

よりも、ナチス・ドイツがその国威を世界に示す大会として利用されたことは第Ⅰ巻第二章で示した通り周知の事実になっている）。それは、前記の通り、まさにヨーロッパを中心に国家総力戦となった第一次世界大戦中であったことによる。そして、その戦勝国にとっても悲惨な状況をもたらした大戦は、敗戦国となったためにそれまで中央ヨーロッパの楔のように続いていたハプスブルク帝国を解体し、小国分立のヨーロッパという地域を作り出すことになった。

「友愛」精神に基づく汎ヨーロッパ主義

その状況の下で、北からのソビエト社会主義共和国連邦の共産主義の脅威と、大戦により急速にその力を示し始めたアメリカ合衆国の経済力（同時にアジアで台頭してきた大日本帝国）に対抗するためにも、そして、オリンピックと同様にヨーロッパにおける平和な社会の構築と維持を掲げてその統合が提唱されるようになる。それが、「友愛（Brüderlichkeit）」の政治思想に基づき一九二三年に発表されたリヒャルト・クーデンホーフ・カレルギー（Richard Coudenhove-Kalergi）の著書『汎ヨーロッパ主義（Pan-Europeanism）』であった。彼も、ジャン・モネやシューマンと共に「ＥＵの父」の一人と呼ばれるが、ハプスブルク帝国時代のボヘミアの貴族であったカレルギー自身は母が日本人（旧姓青山光子で、香水ゲランのミツコは彼女の名前に由来するといわれることがある）であったことから東京に生まれ、二〇世紀初頭にしては珍しくグローバルな感覚の持ち主でもあったといわれている。

そのためか、カレルギーの「汎ヨーロッパ主義」の考えは、欧州統合を目指すものではあったが、それにとどまらず、友愛の絆によって結びつく平等な諸個人の社会の構築を提唱し、その行き着く先は五つのブロックからなる世界連邦であったといわれている（なお、この友愛の精神を表すものとしてベートーベンの第九をカレルギーは「欧州の歌」とすることを提案しており、それが後にＥＵの歌として採択されることになる）。その点で、戦争のような形での戦いではなく、競技者個人が平等な存在として一定のルールの下に競い合うことで世界の平和を維持しようとする近代オリンピックの精神と、カレルギーの「友愛」の政治哲学に基づく平和構築の主張は、共通点を持つものといえる。

国家の枠組みとオリンピック

しかし、「汎ヨーロッパ主義」の考えと近代オリンピック大会とは決定的に違う点もある。前者は、まさに平等な諸個人の結びつきによる統合を目指すという点で、近代の主権・国民国家という枠組みを超えた共同体の形成を提唱するが、後者は、スポーツという競技への参加は競技者個人の行為ではあっても、競技者が参加するためには大会そのものに国家が参加する必要があり（正確には各国のオリンピック委員会の参加表明）、競技者はあくまでも参加国の代表選手という近代の主権・国民国家の枠組みの中で選ばれた者でなければならない。近代オリンピック大会は、確かに世界を一つに結びつけ、平和な社会の維持に貢献するが、それはあくまでも近代の主権・国民国家という単位でのスポーツにおける結合をもたらすもので、参加することに意義を見出すのは、各競技に出場する競技者の所属する国家になっている（そのために、政治的な判断でオリンピックへの参加を見送る国家もあることは、冷戦期の一九八〇年第二二回モスクワ大会や一九八四年第二三回ロサンゼルス大会を思い出せばよい。このボイコットについては、二一世紀の今日でも、例えば、二〇二二年の冬季オリンピック・北京大会への参加の可否をアメリカ合衆国が問題にしている）。

３　ＵＥＦＡをモデルにしたＥＵ？

ＥＵは市民の連合体か？

では、ＥＵは、カレルギーが考えたような本当に個人の結合による共同体の形成といえるのか。欧州連合条約二条は、「人間の尊厳に対する敬意、自由、民主主義、平等、法の支配、マイノリティの権利を含む人権の尊重という価値観」を表明し、そのＥＵの価値観が「加盟国に共通する」ものであることを規定する。そして、同条約三条一項は、そのような価値観や平和、加盟国市民の福祉を促進することをＥＵの目標とする。さらに、同条約九条では、ＥＵ市民の概念を提示すると共に、市民平等の原則とＥＵ市民による民主制原理を定める。その点では、確かにＥＵは、加盟国そのものではなく、むしろＥＵ域内の市民を中心にすえた超国家的共同体といえるであろう。そして同時に、ＥＵの諸機関、欧州議会、理事会、欧州理事会、欧州委員会、欧州司法裁判所は権力分立原理に基づき設置され、リスボン条約により高次法としてのＥＵ基本権憲章という市民に対する基本権保障を承認し、それを欧州司法裁判所を通じて確保するという近代立憲主義の構造を備えてはいるが、ＥＵの政策決定においてはエリート主義が採用され、民主主義の赤字が以前から問題視されていることに鑑みて、本当に市民のための公的組織体といえるのか否かが検討されなければならない。

国家間条約によるＥＵ

しかし、現在のＥＵは、必ずしもＥＵ市民によって構成される超国家的連合体となっているわけではない。ＥＵそのものは、共通の目的を達成するために一定の権限を加盟国により付与された組織であって、加盟国が条約によって設立した一種の国際的組織であり（欧州連合条約一条）、ただ、加盟国とは区別された独自の法人格を有するものとなっている（同条約四七条）にすぎない。すなわち、ＥＵそのものは独自の領土も国民も持たず、ＥＵ域内は加盟国の領土の和であって、ＥＵ市民は加盟国国民にすぎない、ということである。その点では、加盟各国のオリンピック委員会から独立の団体として、オリンピズムの下に一定の目標を達成するため組織づけられたＩＯＣとよく似た形態といえる。ただ、ＩＯＣは、欧州という一地域に限定されたものではなく、グローバルな地球規模での組織であることはいうまでもない。そのために、欧州統合を目指すＥＵは、その前身のＥＣを設立するに際して、イタリア、フランス、ベルギーの三カ国の協会での協議の後に欧州の二五カ国の協会により一九五四年に設立された欧州サッカー連盟（ＵＥＦＡ）をモデルにして、欧州統合を効率的に進めていこうとしたのであった。

共通文化としてのサッカー

その背景には、サッカーがイングランド発祥のスポーツであったということもあって、ヨーロッパ全体において最もポピュラーなスポーツであり、さらに、そのヨーロッパ全体のスポーツにおける共通文化として発展・展開していたこと、

ような人気スポーツには人々を結び付ける一定の社会統合機能があることに注目する視点が重視されたといわれている。UEFAは、加盟各国のサッカー協会の集合体であって、ヨーロッパ地域内のサッカーについて、各国・地域をまたがった問題に対処する組織として存在している。そこでは、加盟各国の協会により選抜された各国の代表チーム、および、加盟各国のサッカー・リーグの代表クラブが、各国や各リーグを超えて展開するサッカーの試合を独自に運営すると共に、加盟各国のリーグにまたがったクラブ間での選手移籍、加盟各国のサッカー協会間の問題が処理される。すなわち、加盟各国内で発生する問題やリーグ戦といった国内の内部問題は各国のサッカー協会が対処・運営するが、それを超える問題や試合については独自の立場で、独自の観点から対処・運営するという独立性を備えた組織としてUEFAは存在している、ということである。そして、UEFAは、そのような独自の視点・立場から、ヨーロッパにおけるサッカーというスポーツ文化を促進し、普及させる組織として設立されたということになる。

独自のビジョンを持つUEFA

確かにUEFAは、ヨーロッパの各国におけるサッカーというスポーツ文化に共通の問題や、各国間で相互調整を必要とする事項について対処する独立した組織として存在している。しかし、それは、そのような問題処理のための機関として以上の役割も担っている。というのも、UEFAが果たすべき役割、すなわち各国間で調整すべき課題解決のためには、自らが果たすべき一定のビジョン・存在目的を提示しておかないと、加盟各国のサッカー協会に受け入れてもらうための説得力を持たないからである。そこで、UEFAは、その目的として、政治や人種、宗教による差別をしないフェアープレーの精神の下で、統合・連帯・平和の精神に基づきサッカーというスポーツ文化を促進するとともに、サッカーに関わる全てのステークホルダーの諸関係を支援・維持し、上記の精神に基づくヨーロッパ・サッカーの価値を守ることを表明する。したがって、サッカーというスポーツを統括するという目的だけではなく、その統括を一つの手段として、UEFAは、統合・連帯・平和の精神を促進しようとする存在になっているのである。なお、ここで連帯という場合、カレルギーが唱えた友愛の精神を母体に、人々の自己犠牲をも厭わない相互の結びつきを提唱する理念として用いられていることを付記しておく。

ノーベル平和賞を受賞したEU

EUの前身であるECも、その出発点においては、ヨーロッパという域内での単一市場形成という経済的統合を目的としつつ、同時にそれを手段にしてヨーロッパの統合・連帯・平和の維持・促進という、まさにUEFAと同じような任務を負って登場し、存在していたということができる。ただ、欧州統合を進める過程で、二〇〇五年のフランス、オランダでの欧州憲法条約批准に反対する国民投票によって欧州の統一組織としての連邦国家への歩みが挫折し、現在のEUは、超国家的連合体として、加盟国を構成メンバーとした地域の法主体となっている。そこでは、サッカーというスポーツをモデルにしながら、経済の領域に限定されない、自由、民主主義、人権の尊重、法の支配といった理念を基礎に、平和の構築・維持という役割と権限を持った独自の組織が形成されているのである。そして、その存在は、二〇一二年のノーベル平和賞の受賞によって世界的にも認められたということができる。これは、加盟各国の憲法秩序において平和をもたらす方法を模索するのではなく、加盟国全体を一つの平和の地域とすることで、自由・安全・正義の空間としてしまおうとする国際的プロジェクトということである。したがって、EUを単純に近代の主権・国民国家の枠組みで検討するのではなく、それとは異なる新しい公共圏・公共的共同体としてとらえていくことが必要になるといわれるのであった。

第四章　リスボン条約におけるスポーツのテーマ化

1　ECとEU

欧州統合の出発　シューマン宣言を出発点にして始まったヨーロッパの統一化の動きは、フランス、(西)ドイツ、イタリア、ベルギー、オランダ、ルクセンブルクの六カ国を加盟国とする欧州石炭鉄鋼共同体（ECSC）、欧州経済共同体（EEC）および欧州原子力共同体（Euratom）を土台にする。それらが、一九六五年四月八日に調印されたブリュッセルでの統一条約（一九六七年七月一日発効）により組織体制を統合し、単一の理事会と欧州委員会をその執行機関として設置した。この段階から、欧州統合は、経済的側面の統合を主たる目的とする欧州諸共同体（EC）によって単一の域内市場の形成を中心に進められるようになる。その後、欧州諸共同体は拡大し続け、一九七三年の英国、アイルランド、デンマークをはじめとして、大陸の南側（ギリシャ）や西側（スペイン、ポルトガル）へとその範囲を広げていくことになる（東側への拡大は欧州連合（ＥＵ）設立以後になる）。

ＥＣとＥＵの併存

そのような欧州統合のプロセスにおいて法的に一つの大きな転機になるのが、一九九二年二月七日に調印され、一九九三年一一月一日に発効したマーストリヒト条約（正式名称：欧州連合条約）である。それは、単に単一の域内市場の形成を基本にした経済統合という第一の柱だけではなく、共通外交・安全保障政策の展開や警察・刑事司法協力という第二、第三の柱をも欧州統合の深化の内容として定め、その三本柱構造を進めるために欧州連合（ＥＵ）を設立するものであった。

ただＥＵ設立のこの段階では、欧州統合のためのすべての政策形成や執行がＥＵに一本化されたわけではない。イメージとしてはＥＵの設立によってＥＣが消滅したかのように思われているが、まだそこにまでは至っていない。第一の柱である単一の域内市場・経済・通貨統合の領域（二一世紀に入ってからは市民の域内移動政策も含む）については依然としてＥＣがその枠組みとして存続し、その実現組織とされていた。そのためにＥＵ設立以後もリスボン条約でのＥＵへの一元化が認められる二〇〇九年まで、ＥＣは第一の柱を構成する政策の枠組みとして、そして同時にその政策を実現するために設置されている国家間の共同体として存続し続けていたのであった。

EUへの一元化

このEUとECの併存は、第二、第三の柱に関する分野でのECの諸機関の活用を制限する機能を果たした。すなわち、ECは第一の柱の内容を構成するものので、その諸機関（欧州委員会、欧州議会、欧州司法裁判所など）は第一の柱の政策分野においてのみ利用されるということである。しかし、このようなEUとECの併存は欧州統合のための機構の効率性や機動性の点での疑問が提起され、その機構改革のための欧州連合の基本的な枠組みの見直しが図られるのも当然といえた。また同時に、後述するように、ECの諸機関は、経済的統合を目的にした活動を行うものであったために、専門家集団を中心に政策形成が行われ、市民代表機関としての議会は専門家集団による政策形成を監督する権限しか持たなかったことから民主主義の赤字（英語ではdeficit of democracyといわれ、ドイツ語ではDefizit der Domokratieといわれる）が問題とされ、政治統合を進めるためにはその赤字の解消も当然に必要とされていた。

このような問題に対処してEU・ECの併存を解消し、欧州統合をEUの下に一本化したのは、二〇〇九年一二月一日に発効した現行の「欧州連合条約・欧州連合運営条約」（一般にはリスボン条約と呼ばれるが、リスボン条約の正式名称は「欧州連合（EU）条約および欧州共同体（EC）条約を修正するリスボン条約」であり、それによって前述の条約が現行の規定内容として成立している）である。それは、欧州連合設立の段階で定められた三本柱構造を解消することによってEU・ECの区別とその併存状態を消滅させ、EUをECの後継者として位置づけた上で、EUに国際法上の単一の法人格を付与することで、欧州統合の機構としてEUへの一元化がこの段階でようやく図られたのであった。この段階でまた、欧州統合のプロセスにおいて、法的次元での一歩前進がみられたことになる。

2　EUにおける民主主義の赤字(Defizit der Demokratie)

EUの性格決定プロセスの民主的正当性

リスボン条約における機構改革の重要な課題の一つに、EUにおける民主主義の赤字の解消が挙げられていた。EUの政策決定は本当に民主的といえるのかという問題は、マーストリヒト条約発効以来、常にEU・ECにおける制度的で根本的な問題として提起され続けていたのである。その際に重要なのが、EU・ECの諸機関の活動や決定の民主的正当性であり、そこではEU加盟国議会の関与と共に、政策決定プロセスへの「EU市民」による直接的な参加をどのように、どこまで求めるのかを検討することとされた。

民主制実現のための「EU市民」

リスボン条約において、この点については、EUの機能が原則として代表民主制に基づき、EU市民の直接代表機関としての欧州議会、加盟国政府首脳による加盟国国家代表機関としての欧州理事会、加盟国政府要員（基本的には加盟国の所管大臣級の閣僚）による加盟国政府代表機関としての理事会によって正当化される（欧州連合条約一〇条）とすることで、また、ＥＵ加盟国国内議会（および政府）がＥＵの良好な機能に対して積極的に寄与する（同条約一二条）とすることで、従来の仕組みよりも民主制原理に基づく形に修正されてはいる。

しかし、制度的な民主主義の実現のためには、その根底にそれを支える「ＥＵ市民」の存在が必須のこととなる。そのために、ＥＵは、「ＥＵ市民」の概念を生み出し、欧州連合条約九条において、「加盟国のすべての国民は、欧州連合市民である」と規定し、「欧州連合は、そのすべての活動において、市民の平等の原則を遵守し、市民は、欧州連合の各機関および各組織から等しく注意を払われる」存在として位置づけられるようになった。ただ、どのようにして加盟国国民に、自国の国民としてより以上に、あるいはそれにプラスして「ＥＵ市民」としての自覚を促すのか、また、そもそも「ＥＵ市民」とはどのような存在かを考えることが必要とされることになるのであった。

３　「ＥＵ市民」形成の触媒としてのスポーツ

スポーツの持つ社会統合的機能

超国家的連合体としてのＥＵにおける加盟国国民を共通の基盤の下に結びつけ、「ＥＵ市民」としての自覚を促すための触媒として期待されるのが、ヨーロッパにおけるスポーツという文化的事象になる。それは、ＥＵになってからではなく、ＥＣ時代の一九八〇年代からすでに、「市民の欧州」というスローガンによって、必ずしもナショナリズムを生み出すことなく、市民共通の興味・関心を惹起できる事象としてのスポーツを欧州統合のための一つのテーマとして取り上げることの検討が進められていたことからも分かる通り、スポーツの持つ社会統合的機能を欧州レベルでも利用しようとする試みであった。

ＥＵスポーツ・フォーラムの開催

その中で特に重要なのが、一九九〇年代に欧州委員会とＥＵ加盟国そしてヨーロッパの（国家的なものも非国家的なものも含む）スポーツ団体との間での対話のプラットフォームとして立ち上げられた「ＥＵスポーツ・フォーラム」である。そこでは、従来、もっぱら加盟国の国内政府により検討・展開されていたスポーツのヨーロッパ次元での問題や課題が取り上げられ、ＥＵ・ＥＣによるスポーツの領域での活動のあり方が議論された。その際の欧州委員会によって用いられた新たなアプローチは、二つの基本的な原理のバランスを見出そうとする試みであった。すなわち、欧州の域内市場とそれに関連する欧州司法裁判所の判例の基準の遵守と、域内市場という経済領域を超えるスポーツの持つ社会的・公共的機能のバランスである。

経済的側面からのみとらえられたスポーツ

「EU市民」の基盤形成のためのスポーツの利用は、加盟国に共通し、加盟国国民の間で最もポピュラーなものとなる活動を取り上げる必要がある。しかし、それを取り上げることは、急速に商業化が進むスポーツ種目（いうまでもなくそれはサッカーになる）を対象にして、EU・ECの活動領域の検討課題を問題にせざるを得ない。そのために、スポーツの持つ社会的機能という公共的側面よりも、欧州の域内市場に関連する経済的に動機づけられた要因が中心になって、スポーツの「欧州モデル」が形成されていくことになった。そのためにリスボン条約発効までは、スポーツをもっぱら経済的側面と結びつけ、それを欧州共同体（EC）条約の下で規律づけようとしていたのである。というのも、EUそれ自体は、リスボン条約までの段階ではストレートに文化や社会的事象に関与することができず、第一の柱であったECの経済領域で関わることができたにすぎなかったために、プロ活動としてのスポーツに対する関与は経済的側面からのみだったからである。

不明確さの残ったスポーツ政策

その特徴的な展開が、特に欧州共同体（ＥＣ）条約（現行の欧州連合運営条約）の意味での経済的活動となる限りで、労働者としてのプロ・スポーツ選手の移動の自由や差別の禁止（旧条約三九条、四九条、現行の欧州連合運営条約四五条、五六条）、企業としてのスポーツ団体（スポーツクラブやその上部団体）のＥＵ・ＥＣ競争法による規律（旧条約八一条、八二条、現行の欧州連合運営条約一〇一条、一〇二条）が問題とされたのである。これらの点は現在でも問題とされるが、リスボン条約発効までは、スポーツの経済性と公共性が明確に区別され得ないために、結果としてＥＵ・ＥＣのスポーツ政策のレベルでは不明確さが残ったのであった。それと共に、スポーツという活動そのものではなくても、それを対象とする経済的活動（例えば、スポーツの結果に対するブックメーカーによるサッカーくじの販売やスポーツクラブの収入源の一つになる企業の寄付の税制上の取扱い、クラブが承認する店舗でのみのグッズの販売、さらに加盟国自治体によるスポーツクラブへの公的助成など）はやはりＥＣによる規律対象とされ、競争制限や参入規制については加盟各国間での相違を問題とするような事例が多くみられるのであったが、そこには単純に経済的活動として割り切れないもの（例えば賭博規制や税法上の問題、公的助成）が残っていたのであった。

4　リスボン条約でのスポーツ条項の導入

リスボン条約による不確実さの解消

欧州でのスポーツに関する法的不安定さは、スポーツ団体がどこまで独自の活動を展開する自律性を持つのか、そこに公的機関が関与すればEUは加盟国の主権に触れることなく関与できるのか、他方で、どのような場合に経済的活動としてEU・ECのコントロールに服するのかが明らかでなかったことに起因する。それは、ヨーロッパでのスポーツがプロとアマチュアを分離して展開するのではなく、両者の密接な結合によって、ピラミッド構造で組織づけられていることにも関連する（これが日本でのアメリカをモデルとした野球とヨーロッパをモデルとしたサッカーの組織構造の違いになって表れている）。そのために、第一の柱の領域でのECはスポーツを規律する役割を果たし、その機関は規制権限を行使するが、他方で、EUは、「EU市民」形成のためにどこまでスポーツに関与し得るのかが明らかではなかった。そこで、リスボン条約はこの不確実さを解消し、前述の二つの基本的な原理のバランスを図るための規定を設けたのであった。

スポーツ条項の導入と権限の明確化

ヨーロッパの統一化のために、ECを解消してEUに一元化された機構において、リスボン条約は、その権限を明確化する規定を置いた。

その中で、欧州連合運営条約二条五項はEUの加盟国の措置に対する「支援・調整・補完のための措置の権限」を定め、同条約六条e号でスポーツをその権限領域の一つとして規定した。さらに、スポーツ領域についての規定として、同条約第三部「欧州連合の域内政策と活動」第一二編「教育、職業訓練、青少年およびスポーツ」の一六五条一項は、教育と共に加盟国のスポーツ助成を支援・調整・補完する措置をとるEUの活動を定め、それと共に、同条二項は、スポーツ競技の公正さと開放性ならびにスポーツに責任を持つ組織間の協働の促進によるスポーツの欧州次元での発展をEUの目標としている。また、この目標を実現するための行為形式として、EUは、助成措置だけでなく加盟国等への勧告権限も付与されているのであった（同条四項）。

経済性と公共性を併せ持つスポーツ

このリスボン条約でのスポーツ領域でのEUの権限規定は、従来の経済的側面に関する規制権限を否定するものではない。EC時代からのヨーロッパの域内市場形成のための諸規定（特にヒト・モノ・金・サービスの域内市場での移動の自由という基本的自由の確保）やEU競争法の規定は、現在も欧州連合運営条約において継承されていることは前述の通りである。そのために、スポーツの経済的側面に関する権限は、EUに一元化された現在でも変わりはない。

しかし、リスボン条約でのスポーツ条項の導入は、EUにスポーツの経済的側面だけではなく、その特殊な性格（すなわち公共性を併せ持つ活動としてのスポーツ）をも考慮するよう要請すると同時に、その権限を具体的に付与している。そしてそれと同時に、スポーツに関する加盟国の活動のヨーロッパにおける調和を検討することを要請し、結果としてEUにおけるヨーロッパ次元での統一的なスポーツ・モデルの検討を始める契機を付与したということができる。ただ、その際にEUが行使できるのは加盟国の措置についての「支援・調整・補完のための措置の権限」にすぎず、直接EUがスポーツの公共的側面に介入できるわけではない。その限りで、リスボン条約でスポーツ条項が定められたとはいっても、スポーツ領域での第一次的で主たる権限は、依然として加盟国に留保されていることは見過ごすことができない課題として残っている。

スポーツ領域での補完性原理

以上のことから、リスボン条約でのスポーツのテーマ化は、その公共性に関する法的な側面での直接的権限のEUへの付与ではなく、むしろ欧州レベルでの制度的・財政的側面からの支援・調整・補完権限にとどまるということである。もちろん、将来的にそれがEUの法的権限へと発展し、経済性と共に公共性を規律するEUの分野になる可能性は否定されていない。しかし、現状は、欧州連合運営条約一六五条に見られるように、EUは、スポーツの領域での補完性原理（Subsidiaritätsprinzip）、すなわち、欧州全体での問題処理は加盟各国において十分に対処できないことを補完する形で担当すべきであるとする原理に基づき、その権限行使を維持する姿勢を示している。そして、それは、まさに欧州におけるサッカーというスポーツにそのモデルを見出すことができるのである。その意味で、ＥＵが直接支援し得る組織は、加盟各国（加盟各国のサッカー協会）ではなく、ヨーロッパレベルで組織化されているＵＥＦＡになるということも重要なポイントとして押さえておく必要がある（もちろん基本的自由や経済的側面からの規制に関しては、ＥＵは加盟各国に対しても直接規制をかけることができる点は留保しておく必要がある）。

第五章　ヨーロッパ・サッカーとEU法

1　平和構築・維持の機構としてのEU

戦争の歴史としての欧州史

「欧州の歴史は戦争の歴史」といわれることがある。不安定ではあったが一応の平和をもたらしていた古代の「ローマの平和（Pax Romana）」が崩壊した後、中世封建制から絶対主義王政の時代を経て近代へ、そしてそれから二〇世紀前半に至るまでの長い間、欧州での平和というのは非常にまれな現象にすぎなかった。例えば、欧州全体を巻き込んだ三〇年戦争を終結させ、近代の国際条約の出発点とされる一六四八年のウエストファーリア条約はWestfälischer Friede（独）あるいはPeace of Westphalia（英）として、戦後の平和状態を示すものとの表記がなされているが、文字通りの平和（Friede あるいはPeace）も長続きするものではなかった。その後の絶対主義時代の様々な王位継承戦争、フランス革命後の対仏・ナポレオン戦争、ドイツ統一のための中欧での紛争から、最終的には、二〇世紀の二つの世界大戦へと続き、第一次・第二次世界大戦が市民をも巻き込んだ国家総力戦になり、まさにヨーロッパ全土を焦土としてしまう結果をもたらすものとなったのである。そのような状況から脱却し、ヨーロッパに真の平和をもたらすことを目的とする試みとして、現在のＥＵはヨーロッパ全体を平和の地域として構築する統合を目指す超国家的連合体になる。

欧州の平和構築を目的にしたＥＵ

ＥＵの前身であるＥＣは、この平和構築・維持をまず経済的側面から、欧州における単一の域内市場の形成によって展開しようとした。すなわち、近代の主権・国民国家の枠を超えてヒト・モノ・金・サービスが自由に流れる単一の域内市場を形成することで、経済の単位としての主権・国民国家を超越する仕組みとしての経済ネットワークを作り出そうとしたのであった。現在のＥＵは、経済的な側面と同時に、安全保障・共通外交、刑事司法協力という内容をも盛り込んで、より広範な領域での政治的統合を目指し、ヨーロッパの平和を維持するための機構・組織として構想されている。そこでは、加盟国全体に共通して直接適用される法（ＥＵ法）を、加盟国政府・市民の参加を通じたＥＵの立法プロセスによって制定し、ＥＵ独自の機関を通じて域内で直接執行することによって、単一の規範での全体の規律を通じて加盟国である近代の主権・国民国家間の紛争をなくそうとしているのであった。それと同時に、平和だけではなく、市民の安全な生活の確保も、テロや周辺国での紛争の影響から、現在ではEUの重要な課題となっている。それは、欧州連合条約三条二項で定められている通り、「内部に国境のない、自由、安全および正義の領域をその市民に提供」しようとするのである。

物理的軍事力を持たないEU

しかし、政治的統合といっても、それが何を意味するのかは必ずしも一様ではなく、論者によって様々な内容をこめて議論される。というのも、法の制定・執行、それを通じた政策実現を行い得るとしても、EUそれ自体が近代的な意味での主権・国民国家ではなく、超国家的連合体として、そのような国家の存在を前提にした政治的問題の議論を処理しなければないからである。そこには、平和・安全構築・維持を目的にしながら、EUそれ自体は独自の軍隊を持たないという状況が付け加わる。それはEUが独自の領土・国民を持たず、我々が現在その存在に慣れ親しんでいる近代的な主権・国民国家という意味での「国家」ではないから当然ともいえる。しかし、加盟国およびその市民・団体に対しては近代の主権・国民国家の統治権に類似する公権力の行使を法（具体的には欧州連合条約・欧州連合運営条約）によって付与された存在であるにもかかわらず、EUは、自己防衛のための物理的力を持たないことで域内の平和を維持しようとしている。その意味で、規範複合体としての存在にすぎないEUは、純粋に物理的力を持たない平和維持のための超国家的な公的目的団体だということができる。

2　国家単位で構成されたＵＥＦＡ

平和維持をも目的とするサッカー

以上のような形態での平和維持という目的をＥＵと共有するヨーロッパ全域の連合体は、まさにスポーツの振興を通じて平和に貢献しようとするヨーロッパレベルの組織になる。その中でも、世界規模で展開しているオリンピック委員会（ＩＯＣ）とともに、ヨーロッパ全域（二〇世紀以降はよりグローバルになる）での共通のスポーツ文化として発展・展開しているサッカーが、ここで注目に値する。すなわち、ヨーロッパ・サッカーの仕組みは、ＥＵと共に、そしてＥＵ自身がそれをモデルとした、ヨーロッパの平和構築の重要な超国家的組織と位置づけられるのであった。

ヨーロッパ地域を統括するＵＥＦＡ

ヨーロッパ・サッカーを統括するヨーロッパ全域の上部組織は、いうまでもなく欧州サッカー連盟（ＵＥＦＡ）である。ＵＥＦＡは、一九五四年六月一五日、イタリア、フランス、ベルギーの三カ国の協会間での協議の後、スイス・バーゼルで設立された（現在はスイス・ジュネーブ郊外の街であるニヨンに本部が置かれている）。当初は、二五の協会が加盟国となっていたが、一九九〇年代はじめまでに加盟国協会はほぼ倍に増加した（現在の加盟国協会数は五三）。ヨーロッパの全ての主権・国民国家の協会がＵＥＦＡの会員となっているわけではなく、本部が置かれているのがスイスであることからも分かる通り、ＥＵ加盟国以外の国もＵＥＦＡには加盟している（なお、サッカーの母国という伝統的配慮から、英国はイングランド、スコットランド、ウェールズ、北アイルランドという四つの地域がそれぞれ独自にＵＥＦＡの加盟協会になっている）。

　ＵＥＦＡは、その所在地であるスイスの民法典に基づき登録された法人である。ただ、その団体としての形式にもかかわらず、ＵＥＦＡは、サッカーというスポーツに関連する問題については、ヨーロッパ全域での加盟国（一応、加盟国協会がメンバーとなる団体）を統括する超国家的な協会連盟である。すなわち、加盟国協会の構成からも分かる通り、ＵＥＦＡも、ＥＵと同じように、ヨーロッパという地域の主権・国民国家（但し英国は例外）を構成メンバーの単位として設立されており、加盟国全域にわたり共通のルールでヨーロッパ・サッカー界の統一と連帯の促進・発展を目指す超国家的組織と位置づけられていたし、現在もそのような組織体であり続けている。

ヨーロッパ全体でのサッカーの強化

　この国家単位の協会の連合体としてのＵＥＦＡは、スポーツの自律性を維持するために、そのガバナンスの開放性、民主制、透明性を確保し、ステークホルダーに対する説明責任を果たすことを宣言している（この点は、ＵＥＦＡホームページの一二の価値の宣言を参照）。そして、この国家単位での構成を最も端的に表すＵＥＦＡ主催の大会が、加盟国協会の代表であるナショナル・チームによる四年に一度、ワールドカップの中間年に開催されるＵＥＦＡヨーロッパ選手権である（直近の大会はフランスで行われたEURO2016であり、その前はポーランド・ウクライナの共催で開催されたEURO2012である。この第一六回大会となるEURO2020は加盟一二カ国（イングランド、アゼルバイジャン、デンマーク、ドイツ、ハンガリー、イタリア、オランダ、アイルランド、ルーマニア、ロシア、スコットランド、スペイン）で二〇二〇年に行われる予定であったが、新型コロナウイルス感染症の拡大がヨーロッパでも深刻になったことから二〇二一年に開催が延期されている。なお予選の六グループは既に決定済み）。この大会は、それぞれのナショナル・チームに所属する選手相互が普段の試合でも顔を合わせる熟知した仲であり、欧州域内での移動という点で選手のパフォーマンスを最も効率的に引き出すことができるために、サッカー・ファンの注目度はワールドカップに匹敵するぐらいに高い。そして、このような大会を開催することでヨーロッパ・サッカーの水準は高められ（元々ＵＥＦＡ加盟国は強豪国であるが、それを更に強化している）、世界規模でのワールドカップ二〇一四年ブラジル大会では、ドイツが優勝、オランダが三位と、ヨーロッパのナショナル・チームが上位を占める結果に終わっている（なお、準優勝はアルゼンチンと開催地南米のナショナル・チームであった）。ちなみに、その前の二〇〇六年ドイツ大会（イタリア、フランス、ドイツ）、二〇一〇年南アフリカ大会（スペイン、オランダ、ドイツ）でも、二大会連続でヨーロッパの代表国が上位三位を占めることになった（ドイツ大会では四位もポルトガルで、結局、準決勝はヨーロッパの四カ国で争われた）。

ワールドカップでのヨーロッパチームの独占

UEFAの下で、ヨーロッパのサッカー・ナショナル・チームは相互に競い合いながら、ヨーロッパ全体のサッカーにおける力を世界において示しているのである（その結果、非ヨーロッパ各国（例えば日本や南米諸国）からの選手のヨーロッパ各国リーグへの移籍も活発に行われている）。なお、直近の二〇一八年ロシア大会は、フランスとクロアチアの間で決勝戦が戦われ、フランスが優勝する結果となり、結局、二〇〇二年日韓大会のブラジル優勝後は四大会連続で欧州の国が優勝し、また、四大会連続で欧州のナショナル・チームが上位三位までを独占する状況が続いている（ロシア大会では三位がベルギー、四位がイングランドと準決勝はドイツ大会と同じくすべて欧州のナショナル・チームによって戦われた）。そこでは、優勝賞金三千八百万米ドル、準優勝賞金二千八百万米ドル、三位には二千四百万米ドル、四位には二千二百万米ドルが支払われ、ますます欧州の強豪国が財政面でもチーム力の強化に努めることができるようになっている。

3　ナショナル・チームとナショナリズム

国家の利害衝突をも惹起する超国家的組織

しかし、超国家的連合体としての組織が、その加盟国を一体的に規律して統一性を維持しようとしても、当該組織が個々の加盟国を完全に包摂した統一体となるには限界がある。この点は、政治的なレベルにおいても文化的なレベルにおいても変わりはない。ＥＵという超国家的連合体と同様に、ＵＥＦＡは、近代の主権・国民国家（その協会）を構成メンバーの単位として形成される組織体として、どうしても加盟国同士の利害衝突をもたらすことになる（この点はサッカーの国際大会での優勝獲得賞金をみれば明らかであろう）。そして、それを一定の範囲で加速する機能を果たす国際大会を主催するのもまた、地域の統合を目指す超国家的な組織としてのＵＥＦＡ自身になる。超国家的な組織体は、その意味で、統合を目指しながらも国家単位での利害衝突をもたらすという一面をも持つ。

ナショナル・チームによる国際大会

高度な競技スポーツの国際大会は、主催者が超国家的組織であっても、国民国家の代表選手により構成されるナショナル・チームによって展開され、当該チーム同士の対戦が主役になる。そのために、人気のある競技スポーツのナショナル・チームの試合は、ある意味で国家対国家の様相を呈し、ナショナリズムを喚起するにはもってこいの出来事になる場合がある。もちろん、この場合の代表は、ＥＵにおける構成国市民の決定に基づく民主的な基盤を持つ国民代表とは全く様相を異にする。しかし、スポーツのナショナル・チームの選手は、その背後にある国家の存在を十分に意識し、自国民の期待にこたえなければならないとの自覚が喚起される（欧州ではないが、例えば日本の場合、選手は日の丸を背負うことの重みをしばしば口にしている）。それに対応するかのように、観戦者の側にある市民も、まさに自国のナショナル・チームに国家の存在をダブらせて、ナショナル・チームを応援することで自国の強さ・弱さに一喜一憂することになる。

ナショナリズムの喚起と国際大会

この種のナショナリズム（あるいはもう少し緩やかに自国に対する愛着を示す愛国心）は、国際大会において高揚した気分の中で突発的な（あるいは意識的に）問題を惹起する場合がある。欧州ではないが、二〇一三年七月二八日のサッカー・東アジア・カップの男子日韓戦において、韓国応援団が日本の歴史認識について非難するような内容の横断幕を掲げたことや、二〇一七年四月二五日のＡＣＬの水原（韓国）対川崎戦での川崎サポーターによる旭日旗を掲げた事件があったことは記憶に新しい。また、二〇一二年の第三〇回オリンピック・ロンドン大会での男子サッカー三位決定戦（これも日韓戦）の試合後、グランドで竹島の領有権を主張するメッセージを韓国選手が掲げたことを発端として、当該選手のメダル授与の可否が問題になったことも同様の事象といえる。このような出来事は、それを問題視する市民の側の社会的・歴史的背景があることは否定できないが、サッカーもそれが適用されるグローバルなルールにおいて、スポーツ大会が行われる「開催場所、会場、その他のエリアにおいては、いかなる種類の示威行動または、政治的、宗教的、人種的な宣伝活動も認められない」（オリンピック憲章第五章五〇「広告、デモンストレーション、宣伝」の第三項参照）として、スポーツと政治の区別を明らかにし、国家間の政治的紛争が持ち込まれないような工夫が規範的に行われることになる。

４　ＵＥＦＡの持つもう一つの顔

市民の自然な感情からの社会統合のために

ナショナル・チームを主体とする国際大会を通じた主権・国民国家の統合の困難さは、スポーツの国家という枠内での社会統合機能の一つの側面ではあるが、それとは別に、超国家的な観点からの地域全体としての一体感をもたらす側面があることも否定できない。そこで、ナショナリズムを喚起するような形式の国際大会ではなく、むしろ市民が自然な感情で一体感を生み出す統合の方法も、実はスポーツ組織によって展開されている。ＵＥＦＡの場合、それは、国家の単位でのヨーロッパ全域の大会ではなく、加盟国協会の下にある各国リーグのクラブを主体としたＵＥＦＡチャンピオンズリーグとＵＥＦＡヨーロッパ・リーグ（二〇〇八／二〇〇九年度まではＵＥＦＡカップと呼ばれていた）である。

これらの大会は、毎年、加盟各国リーグの上位クラブ同士が対戦するということもあって、非常に市民の関心も高く、国別の対抗戦ではないことからナショナリズムを喚起して、近代の主権・国民国家の枠組みを意識させるものでもない。さらに、ＥＵ法の下で選手の国境を越えた移籍の自由が認められ、国籍に関係なく有力選手が活躍するフランチャイズ制（ホームタウン制）の確立された各国のリーグでの上位クラブが主体となる試合が毎年九月から翌年の五月にかけて長期間で行われるために、そこでの「オラがチーム（unsere Mannschaft）」の出場によるヨーロッパ全域での地域的統合、一体感の醸造は非常に大きなものになっている。

経済的側面からの規制の存在

ただ、このＵＥＦＡ主催の大会は、ナショナル・チームではなくプロ・サッカー・クラブを主体とする活動になるために、まさに経済的活動としての側面からのＥＵ法の下での様々な規制に服することになる。そこで次に、このヨーロッパ統合にとって重要な役割を果たしつつ、統合のためのヨーロッパの法規範により規制を受ける活動の実態を、ＥＵ法の内容に照らして検討することが必要になる。この点の考察からも、文化としてのサッカーと同時に、経済的活動としてのプロ・サッカーという側面が明確になることになる。

第六章　ヨーロッパ・サッカー・リーグの特徴

1　秋の気配とともに

スポーツの秋

日本で夏の甲子園の高校野球選手権大会が終わる頃、赤とんぼがやってくる季節と共にプロ野球の順位がほぼ見えてくる季節に入る。サッカー・Jリーグも後半戦が始まり、年間優勝を争う対象となるクラブ、J2への降格圏内、J1への昇格圏内のクラブの試合は勝ち点争いが激化していく時期になる（なお、Jリーグは、二〇一六年まで、前期と後期の二シーズン制が導入されており、秋風の到来は新たな後期の開始に当たる時期になり、後期そのものの優勝争いも同時に話題になっていたが、二〇一七年から再び一シーズン制に戻っている）。これに対して、ヨーロッパではちょうど同じ頃、各国のサッカー・リーグが開幕を迎え、翌年の初夏までの長い新しいシーズンが始まる（多くのリーグは一シーズン制を採用し、クリスマス休暇を挟んでおよそ九カ月の長丁場になる）。特にEU加盟国のサッカー・

リーグでは、まさにサマー・ヴァケーションの終わりに近づき秋風が吹き始めると同時に、「オラがチーム」の勝敗に市民が一喜一憂する季節が到来するのである。

サッカーの季節の始まり

この各国リーグの開幕とほぼ時期を同じくして、欧州サッカー連盟（ＵＥＦＡ）によるヨーロッパ全域での二つの国際大会、ＵＥＦＡチャンピオンズ・リーグとＵＥＦＡヨーロッパ・リーグも開幕する。この二つの大会の出場チームは前シーズンの順位に依存するが、各国リーグの成績優秀な上位クラブによって毎年九月から翌年五月までの期間で争われ、欧州一のクラブ・チームが決定する。ここでは、各国リーグの独自の運営方式とは異なり、ＵＥＦＡによって主催される欧州での統一リーグとして各国リーグ所属のクラブ・チームが試合を行う。そして、「オラがチーム」が出場すれば、やはりここでも応援をする市民（サポーターと呼ばれる人々と共に隠れたファンも含まれるであろう）は勝敗に一喜一憂することになるのである。その意味で、秋の気配が感じられるようになると、それは、ＥＵ加盟国でのサッカーというスポーツのおかげで、各国のリーグ戦と共に欧州全域でのリーグ戦に二重の意味でワクワクする季節になるといえるのである。なお、このワクワクは翌年の冬まで続き、ＵＥＦＡチャンピオンズ・リーグの優勝クラブは、その年の冬に行われる各大陸代表によって競われるＦＩＦＡクラブワールドカップに出場することになる（二〇二〇年大会はコロナ感染症のため二〇二一年二月に延期になり、ヨーロッパ代表の

ＦＣバイエルン（バイエルン・ミュンヘン）の優勝で終わった。この大会では二〇一三年からヨーロッパ代表クラブ・チームが勝ち続けており、実力の大陸間格差が指摘されている。なお、二〇二一年度は一二月に日本で開催される予定になっている）。

2 プロ・クラブとしてのリーグ戦とナショナル・チームの試合

クラブ・チームと区別されるナショナル・チームの国際大会

欧州全域でのサッカーは、夏の間、全く試合をしないのかというとそうでもない。ＥＵ加盟各国リーグ所属のクラブ・チームは、六月後半から八月中旬までの間であっても、特に次期シーズンが近づくにつれて、いわゆるプレ・シーズン・マッチ（野球でいえばオープン戦）が世界中の様々な場所で行われる。また、「オラがチーム」ではなく、「我が国」のチーム、すなわちナショナル・チームによるワールドカップやＵＥＦＡヨーロッパ選手権のような国際大会（アジアではアジアカップや東アジア杯などがこれに当たる）も、ヨーロッパ、特にＥＵ加盟各国リーグのオフ・シーズンに開催されることが多い（これは本大会だけでなく予選も含む）。なお、ナショナル・チームの試合は、リーグ開催期間中も行われるが、このリーグ開催期間中のナショナル・チームの試合へ選手が参加するか否かは、各国のサッカー協会が選手の所属するクラブ・チームに対してナショナル・チーム招集のための当該選手の派遣要請を行い、ワールドカップやヨーロッパ選手権（これらの予選も含む）のような国際Aマッチの指定を受けた試合でない限り、クラブ・チームの側は、所属選手のナショナル・チームへの招集を拒否することができる。ここに、選手派遣については、各国リーグやUEFAの二つの国際大会期間中（要するに毎年八月末から翌年五月まで）は各国のサッカー協会よりもクラブ・チームの判断が優先し、その結果として選手に対するガバナンスは、サッカー協会ではなくクラブ・チームにあるといえるのであった。

サッカーという同一のパフォーマンスの法的関係

このクラブ・チームの優先権は、まさに各国リーグがプロ・スポーツとして行われていることに由来する。もちろん、ナショナル・チームに参加すれば一定の報酬が選手に支払われることになるが、それは必ずしも試合に出場する対価としてではなく、ナショナル・チームに参加する報奨金のようなものとみなされている（この点、日本代表チームへの参加の報酬が低すぎるのではないかという議論を呼んだことを思い起こせばよい）。それに対して、クラブと選手の関係は、それが雇用契約（あるいは労働契約）といえるか否かは別にして、クラブ・チームの出場する試合に参加して勝利に貢献することを内容にするプロ選手契約（当然に参稼報酬を含むプロ契約）に基づくものである。そのために、同じサッカーというスポーツの試合であっても、クラブ・チームによるリーグ戦やＵＥＦＡの大会とは違うナショナル・チームによるものは、選手にクラブ・チームの場合と同じ行為を各国のサッカー協会によって編成される別のチームのために行うよう求めることになるために、サッカーというパフォーマンスについての選手との間での契約関係に基づくクラブの判断が優先されるということである（これに対して、サッカー協会と選手の関係は、通常の場合、その国の国籍に基づく当該国の選手としての登録に基づいているにすぎない）。

プロ・クラブによる優先的選手管理

ここに、ヨーロッパにおけるサッカー・クラブがプロ・チームとして存在していることから、そのクラブ間で展開される試合と、各国サッカー協会によって招集されるナショナル・チームの試合の区別と違いが示されることになる。すなわち、プロとしての経済的活動の側面を強く打ち出すクラブ間のリーグ戦と、ある種の外交的で文化的交流の色彩をも帯びるナショナル・チーム間の対戦（この点、例えばドイツでは、ナショナル・チームへの連邦政府の助成をドイツ連邦共和国の憲法であるドイツ基本法上の外交権限に基づくものととらえている）とが、同じサッカーというスポーツを通じての活動でありながら、性質の違うものとして展開されることになるのである。そして、もしナショナル・チームでの試合で選手がけがをしてクラブのリーグ戦等の試合に出場できなくなれば、クラブの運営に支障が出る可能性があり、また、リーグ戦展開の最中であれば、（移動時間を含めて）試合のバッティングなどを理由として、ナショナル・チームへの参加よりも、クラブ・チームでのプレーを選手に要請することが、選手の所属クラブには認められるのであった。

圧力団体としてのG14と欧州クラブ協会

そのような優先的選手管理の下で、経済的損失についての問題を解消するべく、多くの代表選手が所属するヨーロッパの主要クラブは、代表の国際試合で選手が負傷した場合など何らかの形の代償金を各国サッカー協会もしくはＦＩＦＡが支払うよう主張するある種の圧力団体をＧ14として設立していた。このＧ14に加盟していたのは、多くのＵＥＦＡチャンピオンズ・リーグやＵＥＦＡカップで優勝を成し遂げてきた、いわゆる世界的な「ビッグ・クラブ」がほとんどであった。このＧ14も国境を越えて設立された欧州の国際的な団体であるが、クラブの経済的損失を補填するよう各国の協会やＦＩＦＡに要求する同業者団体というべきもので、選手個人が主体になっているわけではなく、その意味で労働者団体ではない。ただ、Ｇ14加盟クラブには各国ナショナル・チームの有力選手が所属していたこともあり、ＦＩＦＡに対しては強い影響力を持っていた。

後述するように各国のプロ・サッカーリーグの法的存在形式の相違にもかかわらず、そこでのサッカーの試合開催は経済的活動としての側面が前面に押し出される。文化的・公共的活動としてよりも経済的活動としての側面を強調することが、まさに選手個人の保護にとっても意味あることとEUでは認識されているが、G14の活動は、まさにクラブの経済的損失の補塡の要求という、プロ・サッカーの特質が前面に出てくるものとなった。二〇〇八年、G14の要求は、UEFAならびにFIFAの交渉の末にほぼ認められたことから、G14を解散し、UEFA加盟五三の国や地域から一〇三のクラブが欧州クラブ協会（European Club Association：ECAといわれる）を設立し、現在では一九七クラブがそれに加盟している。ここに、もう一つのヨーロッパ全域での経済的活動としてのサッカーに関する団体が存在し、統一ヨーロッパでのサッカーというスポーツ文化・活動を支えることになる。

3　各国リーグ組織の内容とその相違

ヨーロッパ・サッカーのもう一つの特徴は、UEFAによってヨーロッパ全域で統一的に展開される二つのリーグ戦とは異なり、クラブ間で展開される本来的な各国リーグの内容が、まさにそれぞれの国によって様々に組織づけられている点にある。

イングランド・プレミア・リーグの仕組み

世界のスポーツ競技の中で最も人気が高く、日本でも代表選手がビッグ・クラブに所属するために注目を集めている、ヨーロッパ

イングランド・エミレーツスタジアム
（サッカーの聖地）

でのサッカー・リーグの代表となるのがイングランドのプレミア・リーグ（Premier League）である。このイングランドのプレミア・リーグは、一九九二年のリーグ改編に伴い、イングランド・フットボール・リーグのトップディヴィジョン（いわゆる一部リーグ）が分離独立し、二二クラブが所属するリーグとして新設された（現在は二〇クラブが所属し、この削減措置は一九九五年に行われた）。その際に、イングランドのプレミア・リーグは、リーグそのものが所属二〇クラブを株主として設立される株式会社として運営されていることになった。各クラブは、まさに株主として、リーグのルール改定に投票権を持ち、リーグの収益についての分配を受けることになる。ただ、その組織構造が複雑なのは、プレミア・リーグそのものは株式会社で、リーグ所属のクラブ（このクラブ自身も株式会社として運営されている）がその株主になるが、毎シーズン、イングランド・フットボール・リーグ（いわゆる二部リーグ）との間でリーグ戦の結果に従い三クラブずつの昇格・降格があるために、それこそ毎シーズン、プレミア・リーグの株主が変わるという点である（降格クラブが昇格クラブに持ち株を譲渡する義務を負う方式）。その意味で、フットボール・リーグで戦うクラブはプレミア・リーグの株主になるために昇格を目指し、逆に、プレミア・リーグで戦うクラブは株主としての地位を失わないように降格を免れようとすることで、一部リーグも二部リーグも死力を尽くした対戦を展開することになる。

ドイツ・ブンデス・リーガの仕組み

これに対して、日本人選手が多く所属するドイツのブンデス・リーガ（Bundesliga）は、一部および二部にそれぞれ一八クラブが所属し、有限会社として設立されているドイツ・サッカー・リーグ機構（ＤＦＬ：Deutsche Fußball Liga GmbH）によって運営されている（なお、ドイツでは二〇クラブで構成される三部リーグもあるが、それはドイツ・サッカー連盟（ＤＦＢ：Deutscher Fußball Bund）によって運営されており、通常、ブンデス・リーガといえば、一部および二部リーグのみを指す）。このＤＦＬは、ドイツ・プロ・サッカー・リーグの組織運営・管理を主要業務にし、ドイツでのプロ・サッカーリーグの円滑な運営をその任務としている。なお、なお、このＤＦＬの下にはいくつかの子会社も設立され、そこでは、インターネットでのホームページの管理や、テレビ・ネットでの試合放映権、商標ライセンスの販売などのマーケティングを司っている。

ＤＦＬによって運営されているブンデス・リーガ所属のクラブになるためには、公益法人もしくは株式会社によって運営されるクラブで、ＤＦＢによるプロ・クラブとしてのブンデス・リーガ・ライセンスを取得する必要がある（これがＦＩＦＡを通して日本のＪリーグクラブライセンスのモデルとされた（第Ⅰ巻第一〇章2参照））。そして、このブンデス・リーガ・ライセンスを取得するためには非常に厳しい要件についての審査をパスしなければならず、特にクラブ運営についての健全さが要求されている。この点で、他国のリーグを構成するクラブに見られるような、クラブが多額の借金を抱えることは許されず、ＤＦＬによる運営を含めて、ドイツのブンデス・リーガ・クラブは財政的に健全さが求められる。なお、ＤＦＬは、ブンデス・リーガの試合のテレビでの生中継を認めておらず、サッカーの試合はスタジアムに足を運んで観るものとの理念のおかげで、他国リーグを圧倒する数値で平均観客動員数は世界一を誇っている。日本のＪリーグは、Ｊクラブの認定やクラブ運営の健全さなど、まさにこのブンデス・リーガをモデルにして設立されている（Ｊリーグ規約の内容は、例えばＪクラブのライセンス認定や、Ｊクラブの組織形態として公益法人または株式会社によって運営されていることを定めている点でも、ブンデス・リーガの規約にほぼ対応しているが、Ｊリーグそのものは、ＤＦＬと異なり、公益社団法人になっている）。

その他の加盟国リーグの仕組み

上記の二つのリーグ以外にも、イタリアのセリエA（Serie A）は、株式会社として組織されている二〇クラブで構成され、レガ・ナツィオナーレ・プロフェッショニスティ（Lega Nazionale Professionisti）、通称レガ・カルチョ（Lega Calcio）により運営されている。また、スペインのリーガ・エスパニョーラ（Liga Española）は、セリエAと同じく二〇クラブで構成されるが、リーグそのものがクラブによる組合のような形式で組織され、そのリーグにスポンサーがつくことで運営される構造になっているだけではなく、多くのクラブは株式会社として設立されているが、例えばFCバルセロナのように設立以来の歴史を考慮してソシオと呼ばれる会員の会費で運営が認められるクラブもある。さらに、日本代表選手もそのクラブに所属するフランス・リーガ・アン（Ligue 1）も、二〇クラブで構成されているが、その運営は独自の組織によるのではなく、フランスサッカー連盟（Fédération française de football）によって主催されるプロ・リーグになっており、所属クラブもアソシアシヨン（Association）という形態の法人によって運営されている。

このように、EU加盟各国のプロ・サッカーリーグは、それぞれの国の事情に応じて、それぞれの国の団体法制に従い、そこで展開されるサッカーの内容だけでなく、組織構造そのものも独自の特徴を持つものとして構成されている。

4　モデルとしての「多様性における統一（unity in diversity）」

サッカー・リーグにみる「多様性における統一」

以上のように、ヨーロッパ・サッカー・リーグは、そのクラブの法的実体も、クラブによって構成されるリーグの法形式も、それぞれの国によって異なった内容で形成されている。まさにリーグ毎に、クラブの形態もリーグそのものも多様な法形式を示している。それにもかかわらず、ＵＥＦＡによって展開される二つの国際大会では、各国リーグの枠組みを超えて、また、クラブの組織形態を捨象して、統一体としてのヨーロッパのリーグ戦が展開される。そして、この多様な各国リーグの下での多様なクラブ同士の試合を通じて、サッカーというスポーツでのヨーロッパの統一を図るＵＥＦＡの活動は、様々な歴史的・社会的背景の下に存在する現在は二七の主権・国民国家をまとめ、その統一性を求めるＥＵのモデルとして参照されることになる。

第七章　EUに対してUEFAの持つ二面性

1　超国家的連合体としてのEUとUEFA

人権尊重というEUの理念

EUは共通の目的（概括的にいうと「内部に境界のない、自由、安全および正義の領域」を市民に提供すること）の下に、条約加盟国によって設立された国際機関だということができる（欧州連合条約一条。その目的は同条約三条）。そして、「人間の尊厳、自由、民主主義、平等、法の支配、マイノリティに属する人の権利を含む人権の尊重という価値」（同条約二条）を基礎に、EUは、すべての加盟国の構成員（＝加盟国国民）にEU市民として平等の地位を保障し（同条約九条）、人権尊重（それはEU自身がEU基本権憲章とヨーロッパ人権条約による拘束の下にある点（同条約六条）にもあらわれる）の原理に依拠する超国家的連合体として成立している（そのために「EUは基本権共同体である」といわれることがある）。ということは、EUの存立基盤はEU市民としての加盟国の構成員（＝国民）にあるということができ、その点では、「個人のために国家が存在し、国家のために個人が存在するわけではない」とする近代の「個人の尊厳（あるいは個人の尊重）」原理に基づく主権・国民国家の構成と類似する組織体ということができる（連邦国家化の試みに失敗したことは欧州憲法条約の挫折から明らかではあるが）。

超国家的連合体の母体は加盟国、それとも市民？

しかし、条約上は、加盟国が共通の目的を達成するためにＥＵを設立する（欧州連合条約一条一文）とされている。ということは、ＥＵは、ＥＵ市民としての個人を母体にして下から超国家的連合体の形成を直接目指したものではなく、近代の主権・国民国家である加盟国という個人を構成母体にする政治共同体を基礎に、近代的意味での国家形態の一つである連邦国家ではなく、それとは異なる地域的な超国家的連合体を形成するものと考えられる。ここにＥＵ域内では、ＥＵおよび加盟国という二重の（地方公共団体やドイツのような連邦国家であれば各州も含め多重の）公的機関が、市民や市民によって形成される私的団体を直接規律対象にする存在になる。そのために、自らと同じ目的で形成され、しかも自身の設立よりも先行して存在する近代の主権・国民国家に重点を置いて活動を展開するのか、それとも、平和の実現・人権の尊重というその設立目的から、市民の側に重点を置いて活動するのかは、ＥＵ自身が取り上げるべき問題に関する権限の行使において、常に検討を要する課題といえる。この点は、特にＥＵの決定が、「市民に対してできる限り開かれた形で、かつ、できる限り市民に近いところで行われる」べきことを定める規定（同条約一条二文）からも、ＥＵの活動における重要なポイントになっている。

国家を超えて何ができるのか？

もちろん、ＥＵは、加盟国に対して、それと同時にＥＵ市民に対して、条約により付与された一定の権限を直接行使する公的機関であり、ＥＵ市民によって形成される私的団体も、ＥＵおよび当該団体の所属する加盟国によって規律される（例えば、私的団体の法形式に関する団体法制は加盟国の国内法による）。その意味で、加盟国と市民の間に位置する諸団体は、ＥＵの構成母体というよりも、直接ＥＵにより規律される対象になる存在と考えられている。ただ、ＥＵ域内には、ＥＵの存在そのものと同じように、国境を越えて加盟国や加盟各国のうちに存在する団体・関係市民を直接の規律対象にする広域的な私的団体も存在する。その典型になるのが、これまでに何度も触れているように、加盟各国協会を構成母体としながら、当該各国協会の下部団体としてのリーグやリーグを構成するクラブ、ならびにクラブに所属する個人としての選手をも規律対象にするシステムで形成されている欧州サッカー連盟（ＵＥＦＡ）である。そして、自らの母体により包摂されている市民（あるいは選手）のために、また、それに対して、その超国家的存在としての類似性の下で、ＥＵやＵＥＦＡは、加盟国（ないしは加盟国協会）の権限を超えて、いかなる規律を何に対してどのように及ぼすことができるのかを概観することが必要といえるのであった。

２　ＥＵの規律対象としてのＵＥＦＡ

ＥＵから見た経済活動の主体となる団体の位置づけ

ＥＵの前身であるＥＣは、すでに何度も触れたように、そもそもヨーロッパでの経済統合を目指し、単一の域内市場を形成することを目標に掲げていたことから、域内に存在する経済活動を主たる内容にする団体に対しても、その規制権限を直接行使することを予定していた。これは、ＥＵになっても変わりはない。というのも、ＥＵは、まさにその専属的権限ならびに加盟国との共有権限として、域内市場に関わる広範な権限を加盟各国により付与されているからである（欧州連合運営条約三条、四条および五条）。そのために、域内市場における企業その他の法人を含め、様々な種類の団体による経済活動は、すべてＥＵの規制対象になるとされている。プロ・スポーツも、その経済的側面が前面に押し出される活動に関してはＥＵの規制対象になり、直接、ＥＵによる規律に服する。その意味で、加盟各国のプロ・サッカー・リーグを統括するＵＥＦＡも例外ではなく、また、加盟国内でのプロ・サッカー・リーグを運営する団体も、加盟各国のプロ・リーグを構成するクラブも、それが経済活動の主体であり、経済活動としてサッカーというスポーツ競技を運営している限り、EUから見ればその規律対象として存在するものになっているのである。

UEFAによる経済活動

UEFAそのものは主に経済活動を行う企業のような存在ではない。むしろ、ヨーロッパ域内でのサッカーというスポーツ文化を振興するための団体にすぎない。しかし、UEFAは、加盟国のナショナル・チーム間での欧州選手権（最近ではEURO・○○と呼ばれ、直近の大会は、本来ならばEURO2020になるはずであったがCOVID-19のために延期され、現時点（二〇二一年四月）では直近のものはEURO2016のポルトガル・ナショナル・チームが優勝したフランス大会になる）、欧州女子選手権（これも最近ではWomen's EURO・○○と呼ばれ、直近の大会はWomen's EURO・二〇一七の開催国オランダが優勝したオランダ大会になる）、各年代別の欧州選手権や欧州女子選手権、加盟各国リーグのクラブによるチャンピオンズ・リーグやヨーロッパ・リーグ、そしてその両リーグ優勝クラブ同士の対戦となるUEFAスーパーカップなどの大会を主催しており、そこで例えば大会の入場料や試合に関する放映権その他の経済的利益を得る活動により収益を上げる限り、それらはUEFAによる直接的な経済活動ということができる（なお、二〇一四年のUEFA総会において、加盟国のナショナル・チームによる国際大会としてのUEFAネーションズリーグの開催が決定され、それが二〇一八年から行われた。なお、これは、四年に一回開催される欧州選手権とは違い、偶数年の九月から翌奇数年の六月の期間で開催されるものとなる（第一回の二〇一八―二〇一九年の大会ではポルトガルが優勝、オランダが二位になり、イングランドが三位であった。第二回大会は二〇二〇―二〇二一年に行われる））。このようなＵＥＦＡ自身が行う経済活動は、いうまでもなくＥＵの規律対象になる。

UEFA主催の大会の非営利性？

しかし、ＵＥＦＡそのものが経済活動の主体として登場する場面は、前記の各大会を除けばそれほど多くない。また、前記の欧州選手権やチャンピオンズ・リーグなどの大会も、確かにそこでの収益はＵＥＦＡ自身のものになるが、経済活動というよりも、ヨーロッパ域内でのサッカー文化振興というＵＥＦＡの存在意義そのものを規定するための活動という側面の方が強い。そして、それらの大会そのものは、ＵＥＦＡ加盟国全体を統括してヨーロッパ全域を巻き込む形で展開されるため、ＥＵが規律対象として認められる域内市場形成に影響するというよりも、むしろその統一性を形成する触媒としての機能を有するものになり、ＥＵの規律対象（但し、高額の優勝賞金の提供やナショナル・チームに選手を出しているクラブに対する代償金の支払いなどにおいて、サッカーというスポーツの持つ経済的側面でのヨーロッパの域内市場に影響を及ぼすことは否定できないが）というよりも、ＥＵにとっては自らと同じ目標へ向かう活動として、支援・奨励されてもよい内容になるということができる。そうだとすれば、UEFAの様々な活動は、必ずしもEUによる規律対象にはならないという結果になるのだろうか。

UEFAの持つ規制権限の行使

UEFA自身が収益をあげる活動でなくても、EUの権限行使を可能にする、ヨーロッパの域内市場形成の障害となり得るUEFAの活動はある。それが、UEFAの持つ、加盟各国協会やその協会により運営されるリーグやサッカー・クラブ、クラブ所属の選手に対する規制権限の行使である。まさにUEFAが当該規制権限を行使する、あるいは行使しないことにより、EUの域内市場形成の障害となる場合には、当該規制権限の作為・不作為がEUの規律対象に該当する。元々UEFAによるヨーロッパ・サッカーの組織は、ヨーロッパでの最上部団体としてのUEFAが持つ規制権限を用いて加盟各国協会等を統括して統一体を形成するという点で、加盟国を統制しながらヨーロッパ統合を目指すEUが原型的モデルにするだけの内容を持っていた。したがって、その点だけをとらえれば、UEFAの持つ規制権限は、ヨーロッパ・サッカーを統合かつ統括するための手段であり、その限りで、EUの目標と矛盾するものではない。そうである以上、EUから見れば、UEFAやその下で組織づけられているヨーロッパ・サッカーは、私的団体による自律的組織であり、その内部の諸関係にEUは関与し得ないことになる。

3　複雑なプロ・スポーツの組織構造

ＥＵとＥＵ市民の間にある私的団体

前記の説明からも分かるとおり、ＥＵからみれば、ＵＥＦＡは欧州統合のためのモデルのような存在であるとともに、規律対象になる団体でもある。ＥＵとＥＵ市民の間には、加盟国だけではなく様々な性質の多層的な団体も存在し、個人としてのＥＵ市民は、加盟国や州・地方公共団体を含め、様々な公的団体との間での関係が形成される。言い換えれば、近代の主権・国民国家と市民の間に様々な団体が存在し、当該団体と市民の関係を国家が規律するのと同じように、ＥＵも、市民が構成メンバーとなる様々な団体に対しての関係の規律を及ぼす権限を一定の範囲で有しているのである。そのために、ＥＵは、加盟国の権限とは別に、独自の権限として自己と市民の間にある中間団体とその構成メンバーとなる個人の間の関係を直接規律し得ることになるが、ＥＵが、ヨーロッパ統合を目指す公権力機関として、加盟国による規律とは別次元で、公的ではない私的団体と個人の関係をいかなる場合に規律する権限を持つのかは問題になる。そこで、ＥＵは、その規律対象としてのＵＥＦＡとの関係で、いかなる場合に、いかなる権限に基づき、いかにして問題を取り上げていくのかを考えておく必要がある。

スポーツのプロ化の仕組み

この点で、重要なポイントになるのが「経済性」というキーワードになる。スポーツが個人の私的な余暇のレベルにとどまる限り、EUはその規制権限を発動することができない。しかし、ヨーロッパ・サッカーの一つの大きな特徴は、そのトップ・クラブの試合がプロ化されているという点にある（スポーツの商業化）。そこでは、一定のルールに従い、クラブが運営するチームがプロ・チームとしての認定を受け、当該クラブが選手とプロ選手契約を締結し、契約を締結した選手を当該クラブによるプロ選手としての登録を各リーグが公示することでチームが形成され、その複数のチーム間での試合が展開される。ここに、各国の協会を上部団体として、その下に当該国のリーグ、リーグ所属クラブそして選手という段階でプロ化されたサッカー組織の多層的構造が形成される（この点は日本のプロ・サッカーの仕組みと同じ）。UEFAは、まさにそのような加盟各国の多層的構造のヨーロッパレベルでの最上部組織として存在している。

統一的ルールの存在

UEFAによるヨーロッパ・サッカーの組織は、ヨーロッパにおける最上部団体としてのUEFAが加盟各国協会やリーグ、クラブ、選手等をすべて統括して、その規律権限に基づき一つの統一体を形成しているという点で、加盟国および加盟国市民・団体を統制しながらヨーロッパ統合を目指すEUがそれを原型的モデルにするだけのことはある。そこでは、加盟各国の協会や各国リーグの運営主体、あるいはその所属クラブがそれぞれの国の法秩序の下での法形式で設立され、プロ化のルールも加盟各国協会のルールに従うという多様性は認めながらも、「多様性における統一」というまさにＥＵが理想に掲げる形態で、サッカーというその本質的活動にかかわる内容に関しては、ＵＥＦＡという加盟国の枠を超えてヨーロッパレベルで設置される最上部団体の統一的ルールに従うことが求められる。そのために、ＵＥＦＡの定める統一的ルールは、加盟各国の協会レベルでの規律とは異なり、加盟各国のそれぞれの法秩序の枠内で対処し得るような内容・性質のものではなくなっている。そこで、ＵＥＦＡの規律に関してはＥＵの登場する場面となり、ＥＵによるヨーロッパ統合の原型的モデルを、ＥＵ自身がコントロールする場面が現れてくることになり、ＵＥＦＡのルールも、ＥＵ法の規律の下に服するのであった。

団体に吸収される個人

結局、スポーツが単なる個人の娯楽の域を超え、高度に専門化された競技スポーツになればそれだけ、当該スポーツ競技は、競技の主催・統括団体によって組織化されていくのは、サッカーの場合だけではない。個人の側から見れば、それは、自らの個性発揮の場を求める限り、当該スポーツ活動を統括する団体の組織に関与し、その構成メンバーになるほかないという現象として認識される。自己の活動を有意義なものとして、その能力を高め、自己の個性を発揮しようとすればそれだけ、組織化された団体の構成メンバーになる以外に、個人は活動の場を持てないような状況が現に存在しているのである。しかし他方で、競技を統括するスポーツ団体は、まさに団体設立目的実現のための団体構成・所属メンバーに対する自治権・自律権として、内部規律のためのルールを定める権限を持つ。そのために、個人が選手・組織の構成メンバーであり続けるためには、そのルールに従わなければならない。ここに、サッカーのような高度に商業化・専門化されたスポーツでは、個人は、完全に競技を統括する団体の内部に吸収されてしまうのであった。

4　EU法の出番はどこに？

プロ・サッカーはEU法の規律対象？

UEFAそのものは、ヨーロッパ・サッカーを統括する組織として、その規制権限は加盟各国協会や各国リーグの運営主体に対して行使するにすぎない。その意味で、UEFAは、市民であるサッカー選手に対してその規制権限を行使するわけではない。そのために、UEFAそれ自体の統一的ルールが個人に対する規律を行っているとはいえない半面、個人である選手は、各協会・リーグの規約に従い、クラブと選手契約を結ぶことでサッカーという競技に参加することになり、各協会・リーグの規律に服している。結局、UEFAの統一的ルールは、加盟各国協会や各国リーグの運営主体を規律対象にし、市民に対しては加盟各国協会・各リーグの規律を通じてその効果を及ぼすものとなって現れる。そのために、ＥＵによる法的コントロールの対象は、加盟各国協会・各リーグに対する規律に関連してくることになる。そして、サッカー・リーグがプロ・リーグとして運営されているならば、そこにサッカーの経済的側面が登場し、ＵＥＦＡの統一的ルールがＥＵ法による規律対象となる可能性を秘めることになる。

ＵＥＦＡと加盟各国協会という自律的組織

プロ・リーグとして展開されるヨーロッパ・サッカーの場合、そこに「経済性」が見出せるという単純な理由でＥＵの法的規律に服する、言い換えればＥＵ法の下に服するということはできない。というのも、ＥＵから見れば、ＵＥＦＡと加盟各国の協会等との関係は、欧州の最上部機関への域内に存在する下部機関の加盟という私法上の法律関係に基づき展開されるものであり、ＵＥＦＡやその下で組織づけられているヨーロッパ・サッカーは、それら自体が私的な団体による自律的組織であり、その内部の諸関係にＥＵは関与し得ないものになっていると考えられるからである。そして、私法上の法律行為（いわゆる契約）によって関係性が構築される以上、そこに一般的な社会的許容性を基準とした公序良俗（あるいは社会通念）に反する内容のものでない限り、上位法としてのＥＵ法のコントロールに服することはない。加盟各国協会・各リーグにその遵守を義務づけるＵＥＦＡによる統一的ルールも、それがプロ・リーグを規律するというだけで、ＥＵ法の直接的なコントロールに服することにはならないのである。

私的団体に直接介入するＥＵ

そうだとすれば、ＵＥＦＡがＥＵによるヨーロッパ統合のモデルになるために、ＥＵが私的団体であるＵＥＦＡを規律し得るというのは単なる観念的なものにすぎないのであろうか。ここで検討すべきは、ＥＵは、私的団体に対してであろうと、ヨーロッパの域内市場形成のために直接必要な措置をとることができるという点である。加盟国内であれば、私的団体に対する規律は、私的自治の下、国内私法の問題として取り扱われる。それに対して、ＥＵは、まさに域内市場形成を阻害する私的団体に対しても、直接その規制権限を行使し得る。そして、その阻害行為がＵＥＦＡのような、ＥＵと同じく両者に重なる地域的組織であるならばなお一層、加盟各国の国内法によるのではなく、ＥＵが直接その法によるコントロールを及ぼすことができる問題になっているのである。その結果、ＵＥＦＡの統一的ルールの中で最もＥＵによる法的コントロールを受けやすい領域は、加盟各国協会・各リーグを通じた、プロ・リーグに参加する選手と所属クラブの関係を規律する選手契約の領域でということになる。

第八章　選手は労働者、それとも文化の担い手？

1　グローバル化の進むヨーロッパ・サッカー

ヨーロッパ・サッカーの人気

ＵＥＦＡの活動のおかげもあって、ヨーロッパ・サッカーは非常に盛り上がっている。その人気はヨーロッパ域内にとどまるものではなく、世界中に広まっている。単純に選手の立場で考えてみても、日本を含めアジア各国の、そして北中南米、アフリカ、オセアニアの多くの選手たちが、自分の実力を試そうと、ヨーロッパの各国リーグのクラブへの移籍を希望している現状がある。それだけにとどまらず、ヨーロッパ・サッカーの試合は、毎日のように日本のテレビでも放映されている。もちろんそれは、日本に滞在しているヨーロッパ市民に向けられるだけでなく、サッカーを愛する多くの人々が視聴するものになる。このように、ヨーロッパ・サッカーは非常に人気が高く、それ自体が商業化とともにグローバル化の進んだ一つの事象になっているということができるのである。

より高額の収入を得られるヨーロッパ・サッカー

実際に、ＵＥＦＡが統括する各国のプロ・サッカー・リーグには、非常に多くの国々から選手が集まっている。そこには、ＥＵ市民である選手が自国以外のリーグで活躍している例も多いが、日本やアジア、中南米、アフリカの選手がＵＥＦＡ統括のプロ・リーグで活躍している例も多い。そこには、もちろん自己の能力を試し、さらに発展させようとして有力なリーグで戦うという側面とともに、プロである以上、有力クラブとプロ選手契約を締結して、より高額の参稼報酬（これが一般に年俸といわれる）を得ようという観点からヨーロッパ・サッカーを目指す選手も存在する。要するに、サッカーのプロ・リーグの場合、「自己の評価（実力）が給与に繋がる」世界として、高い能力を持つ選手はより高額の収入を得るために、高額の参稼報酬の支払いが報道されるヨーロッパ・サッカー・リーグを目指す選手が世界中から集まってくるという側面もある。

基本権としての職業・労働の自由

個人人格の発露として、自己の能力を自己の欲する場所で発揮してその対価を得、それによって生計を立てるというのは、まさに個人の職業選択の自由として近代立憲主義の下での基本的人権の保障の重要な内容になる。それは、ＥＵ基本権憲章一五条一項により保障されると同時に、ＥＵ域内においては、同条二項で

「すべてのＥＵ市民は、それぞれの加盟国においても、雇用を求め、労働し、開業の権利を行使し、サービスを提供する自由を有する」との保障が、同条三項で「加盟国の領域で働くことを許可された第三国国民は、ＥＵ市民と同等の労働条件を享受することができる」との非ＥＵ市民に対する差別禁止の保障が、それぞれ規定されている。そこで、ヨーロッパのプロ・サッカー・リーグで活躍を希望する選手は、この自由・権利を保障された存在として、自己の能力・才能を発揮して高額の参稼報酬を受けることができるのであろうかという問題が提起できる。特に、世界中から選手が集まるだけに、ヨーロッパ・サッカーでは、選手間の競争も激しく、クラブからみれば、可能な限り有望な選手を多く獲得しようとする。その意味でもプロ・サッカー選手の競争が厳しくなっている点に鑑みて、選手の側の自由・権利の保障を考えることは非常に重要といえるのである。

2　スポーツ・クラブの個人に対する非情さ

出発点での選手の弱い立場

一見すると高額の参稼報酬を得て、世界中で名前や顔が知られている選手であっても、当該選手の所属するクラブやクラブが加盟するリーグとの関係では必ずしも確固たる地位が保障されているわけではない。この点は日本でも世界でも同じといえる（唯一の例外がアメリカ大リーグの有力な代理人を雇っている主力選手）。自分がプロ選手として活躍するためには、自分とプロ選手契約を締結してくれるクラブが存在しなければならない。そして、そのプロ選手契約に基づいてクラブが加盟しているリーグにより自分が当該クラブのプロ選手であることを登録・公示してもらわなければ、契約を締結するだけで試合に出場できるわけではない。そこには、クラブと選手との間のプロ選手契約に関する各国協会・リーグのルールがあり、そこで定められている様々な要件に合致していなければ自分をプロ選手として取り扱ってはもらえないのである。

選手契約の下での選手の地位の弱さ

選手個人の立場から見れば、プロ選手としての出発点における弱さだけが問題になるわけではない。プロ選手になっても、その地位の弱さにかわりはない。いかに才能・能力があり、選手として有能であったとしても、もし怪我や家庭その他の事情で試合に出場できなくなり、クラブからみれば集客やリーグ成績の観点で当該選手を保有しておくことにメリットがないと判断されれば、選手契約は簡単に破棄され、あるいは契約更新は拒否されてしまう虞も否定できない。そうなると、そのような個人は、他のクラブとの選手契約の可能性を探って所属クラブの変更、すなわち移籍という途を選択せざるを得なくなる。幸いにして移籍できるクラブがあれば、当該個人はプロ選手としての立場を継続していくことができるが、存在しなければ、プロ選手としてはその生命を絶たれることになる。確かにプロ選手として引退することを自らの判断で決めることができればよいが、第三者、つまりクラブやリーグの決定により選手生命を絶たれてしまう可能性は常に個人の側には存在している。プロ選手も契約に基づきその地位を獲得するものである以上、契約の相手方が存在しなければそれで終わりである。ここに、契約という私法上の法律行為によって成立するプロ・スポーツの厳しさが存在している。

クラブによる選手に対する強いガバナンス

プロ・スポーツの場合、それは「自己の評価（実力）が給与に繋がる」典型的な世界である。しかし、そうであるために、特に直接選手と向き合うクラブにしてみれば、自己の所属選手に対するガバナンス・マネジメントをしっかり確立しておかなければ、そもそも経済活動の一環としてのクラブ運営は成り立たない。いかに知名度があり、かつてはそのクラブのためにしっかりと結果を残してくれた選手であっても、当該クラブ自身がその個人を必要としなくなれば、プロ選手契約の更新を行うこと自体に問題が生じる。この点で、通常の企業であれば、被用者は労働者として法律上一定の保護を享受することができるが、プロ選手は、企業の被用者のような存在かという点が問題になる。現実には、サッカーのプロ・リーグを構成するクラブの場合、そのマネジメントのために、選手に対するガバナンスは、一般企業よりも数段強い。もちろん選手の不祥事によりクラブの名誉・名声が傷つくことも考慮してであろうが、特にプロ選手契約の場合には、クラブやリーグが選手に対して非常に強いコントロールをかけることができるようになっているのである。

3　EU法によるプロ・サッカーのコントロール

経済活動としてのサッカー

選手の弱い立場は、まさに当該選手がプロ選手であるという点にある。プロ・リーグの場合、その運営主体である各国リーグやクラブは、経済活動の主体としてサッカーという事象を主催している。そしてそのために、各国リーグやクラブは、経済的主体としての自己の存立を維持していくためのマネジメントとして、選手に対して強くガバナンスをきかせるのであり、そうなれば、そのリーグ・クラブと選手の関係にEU法の適用場面が出現する可能性はある。ただそこでは、クラブ・リーグと個人の関係という国内の経済活動に関する問題として、EUそのものの出番になるか否かは検討しなければならない。というのも、ヨーロッパの域内市場形成への阻害要因になることがEUの権限行使の前提になっているためである。

統一的ルールによる選手契約の規律

そこで、UEFAの統一的ルールが登場する。UEFAは、ヨーロッパ全域でのサッカー文化の普及・隆盛のために、一定の国・地域だけで当該文化が偏って繁栄しないよう統一的ルールによりすべての加盟国協会・リーグに対して規律をかける。その中で、有力選手が一定のリーグに偏らないように、クラブとの選手契約に関する一定の内容が規定される。言い換えれば、個人が参加するリーグによって選手契約の内容に不公平が生じないように、ＵＥＦＡは統一的ルールを定めるのである。その結果、加盟各国協会・リーグは、所属クラブに対して、ＵＥＦＡの定める統一的ルールによりプロ選手契約を締結するよう規定される。そしてそれが、ＥＵ法に違反する内容を伴えば、ＥＵの諸機関は、それを問題にすることができるようになる。

三つの基本的自由

この点に関して特に重要なポイントになるのが、ＥＵ基本権憲章とは別に、ヨーロッパ域内の統一市場形成のための市民に条約上認めた基本的自由（域内での移動の自由と差別禁止）になる。ＥＵは、それが加盟国以外の第三者としての団体により侵害される場合にも、直接その権限を行使して、基本的自由の回復措置をとることができる。ＥＵ市民としての個人の側から見れば、欧州連合運営条約で保障される基本的自由と差別の禁止（同条約四五条、五六条）は、加盟国による措置であろうと、第三者たる私的団体による措置であろうと、ＥＵに対してその侵害からの防御を求めることができる重要な権利、いわばある種の切り札のような法的手段になるのである。たとえ公権力による規制措置ではなく、私的団体による契約などの、ある意味では当事者間の任意的措置にすぎないとしても、それが強制力を持って執行され得るような性質のものである限り、特段の正当化理由がなければ、ＥＵ法違反と認定されることになる。

ＥＵ法の下での直接的な法的問題

もちろん、このＥＵによるＵＥＦＡの統一的ルールに対するコントロールは、ＵＥＦＡによる加盟各国協会等との関係で登場するわけではない。それは、加盟各国協会・リーグに対する統制を通じて展開される、まさに選手という個人の活動との関係で提起されるのである。すなわち、ＵＥＦＡによって定められた統一的ルールの内容が、ＥＵの域内市場形成という目標達成との関係で、ＥＵが個人に保障する法的手段によって攻撃を受けるということである。それは、加盟各国協会・リーグの運営主体、リーグを構成するクラブによる加盟国の国内法上の私法関係に関する問題としての団体・個人の関係ではなく、ＥＵから見た団体・個人の関係で発生するまさにＥＵ法上の問題ということができる。

4　プロ・サッカー選手の法的問題としてのボスマン判決の事案

ボスマン判決とは

ＵＥＦＡの統一的ルールに関して、それもまたＥＵ法の下に服するとの判断が下されたのは、一九九五年一二月一五日の欧州司法裁判所におけるボスマン判決といわれるものになる。その事件は、サッカー選手としてのキャリアにおいて特に注目すべきものはないが、冷戦終了後のヨーロッパ・サッカー界で最も有名な選手（ＵＥＦＡのルールに風穴を開けた選手）といわれるジャン＝マルク・ボスマン（Jean-Marc Bosman）によって提起されたプロ選手の移籍金（transfer-fee）をめぐる問題が争われたものであった。そこでは、当時、ＵＥＦＡにより定められ、加盟各国協会・リーグの規約において規定されていた、プロ選手の契約満了後であっても移籍先クラブに旧所属クラブが移籍金を支払わなければ、当該選手の移籍が認められないとするルールが、労働者の域内での移動の自由・差別の禁止に抵触するか否かが直接問題とされたのであった。

元々は国内法の問題

ここでの事案を簡単に示せば以下のとおりである。ベルギー人であるボスマンは、一九九〇年までベルギーの当時二部リーグ所属のＲＦＣリエージュとプロ選手契約を締結していた。この契約満了後に、ボスマンは、オファーのあったフランス二部リーグ所属のＵＳＬダンケルクとプロ選手契約を締結した。ところが、このボスマンのベルギー・リーグからフランス・リーグへの移籍には、ベルギー・サッカー協会からフランス・サッカー協会にボスマンのプロ選手としてのライセンス移譲が必要とされていた。ＲＦＣリエージュは移籍先のＵＳＬダンケルクにボスマン移籍のための移籍金の支払いを要求したが、ＵＳＬダンケルクはそれを支払わず、また、ＵＳＬダンケルクの支払い能力に疑問を持ったRFCリエージュは、ボスマンのライセンス移譲の申請をベルギー・サッカー協会に行わなかった。その結果、ボスマンとUSLダンケルクとの契約は無効とされ、ベルギー・サッカー協会はボスマンを未契約選手として一九九〇・九一年シーズンの選手としての試合出場資格の喪失決定を行った。そこで、ボスマンは、RFCリエージュとベルギー・サッカー協会を相手に、損害賠償ならびに移籍規制の無効を求めてベルギー国内裁判所に訴えを提起した。

やはりUEFAの統一的ルールが問題

移籍先クラブへの移籍金要求、プロ選手としてのライセンス移譲、未契約選手の出場資格喪失に関する一連のプロ選手の移籍規制は、ベルギーやフランスだけではなく、UEFAの統一的ルールに基づき加盟各国協会が定めていた規約であった。そのために、ボスマンの請求の可否については、ベルギーの国内法だけではなく、その判断の前提問題として各国協会の規約の基礎になっていたUEFAのルールのEU法上の判断が必要とされ、ベルギー国内裁判所は、UEFAの移籍規制に関する統一的ルールのEU法適合性を欧州司法裁判所に求める移送決定を行ったのであった。そして、欧州司法裁判所は、移送された事件の問題を、EU市民であるプロ・サッカー選手がEU加盟国のクラブとの契約終了後に、他のEU加盟国の移籍先となるクラブが前所属クラブに移籍金を支払った場合にのみ移籍先のクラブの選手として活動できるとするUEFAのルールが当時の欧州共同体条約（現在の欧州連合運営条約）四八条の定める労働者の域内での移動の自由の保障（現在の欧州連合運営条約四五条）に矛盾するか否かであると設定し、その問題に回答していくのであった。

５　欧州司法裁判所におけるボスマン判決

スポーツに関する先例の存在

実は、欧州司法裁判所でサッカーをはじめスポーツの問題が取り上げられるのは、ボスマン判決が最初ではない。一九七〇年代に二つの事件でプロ・スポーツの問題が取り上げられ、欧州司法裁判所は、そこで、当時のＥＣの目標に鑑みて、スポーツが条約にいう経済的生活領域の一部となる限り、つまり、そこでの活動が対価を目的とした労働・サービスの提供となる限り、それはＥＣ法の下に服し、さらに、私的団体が自由な労働・サービスの移動を妨害する場合、当該団体は加盟国内法上保障されるその自律権に依拠して自由の妨害を正当化することはできない、との判断を下していた。ボスマン判決で欧州司法裁判所は、まずその先例に依拠して、サッカーという競技のスポーツとしての文化的側面と経済活動としての側面との間の境界が曖昧であるとしても、サッカーというスポーツ活動すべてがＥＵ法の適用領域から除外されることにはならないとの判断を下す。

雇用契約ではないプロ選手契約の問題

欧州司法裁判所は、次に、プロ・サッカー選手とクラブの間で締結されるプロ選手契約の問題を取り上げる。しばしば指摘されるように、プロ選手契約は雇用という労働契約ではない。そのために、プロ選手契約をめぐる移籍規制の問題において、そもそも労働者の域内での移動の自由が適用できるのか否かが問題とされる。欧州司法裁判所は、この点について、プロ選手契約が労働契約ではないというだけで条約上保障される基本的自由の規定の適用が排除されるわけではないとする。その理由として欧州司法裁判所が提示したのは以下のとおりである。すなわち、選手に参稼報酬を支払うクラブが他のクラブと契約を締結していた選手と新規にプロ選手契約を締結するにあたり、旧所属のクラブより移籍金の支払いを義務づけられ、支払わない場合には当該選手の活動する場がなくなるとする移籍規制に関するUEFAのルールは、サッカーというスポーツ活動の経済的側面に該当するということができ、対価を得て役務を提供する労働者の移動の自由の規定が適用される場面そのものになるからである。

労働者の移動の自由はEU法上の基本原則

欧州司法裁判所は、ある加盟国の国民（すなわちEU市民）が他の加盟国で経済活動に従事しようとする際に、その国民にとって不利となるような措置は排除されなければならないとする。というのも、当時の欧州共同体条

欧州司法裁判所

約で規定される労働者の移動の自由はＥＵ法上の基本原則の一つであり、ＥＵ市民が経済活動を行うために他の加盟国に移動し、そこに滞在する権利が認められなければ、ヨーロッパ域内での統一市場形成にとって大きな障害になるためである。ＵＥＦＡがその統一的ルールで定め、加盟各国協会・リーグがそれに基づき規定する移籍規制のルールは、自国のクラブとの契約終了後、このクラブを離れることを妨害することによって他のＥＵ加盟国で活動しようとする選手の移動の自由を制約するものであり、ＵＥＦＡというスポーツ団体による規制であっても国籍による差別の問題だけでなくＥＵ法の基本原則である労働者の移動の自由という制約を免れるものではないとされるのであった。

プロ選手の移籍規制の正当化理由

もちろん、ＵＥＦＡのルールが労働者の移動の自由を制約するとしても、それだけで直ちに当該ルールが無効になるわけではない。規制それ自体が正当な目的を追求し、公益上やむを得ない理由から正当化される場合には、ＥＵ法との関係において当該ルールも正当なものと認められる。そして、ＵＥＦＡの統一的ルールの正当化理由として示されたのが、ヨーロッパにおけるサッカーというスポーツ競技が持つ特殊な社会的意義に鑑みた以下の二つの目的になる。すなわち、移籍規制による一定の機会均等と競技結果の不確定性を確保するためのクラブ間の対等性の維持という目的、ならびに、移籍金収入による若年選手の確保とその能力向上のための育成の配慮という目的である。そして、この二つの目的自体は、上記の社会的意義を考慮に入れれば、一応正当なものということができると欧州司法裁判所は判断する。

目的との関係での規制の必要性は認められない

目的そのものが正当であるとしても、移籍金の支払いの義務づけという規制そのものが当該目的との関係で必要かつ適切なものといえるのか。欧州司法裁判所は、この点でＵＥＦＡの統一的ルールを違法と認定する。移籍金の支払い義務は、クラブ間の対等性を確保するものではなく、むしろ逆に、経済的に豊かなクラブを強化し、当該クラブによるリーグの支配という状態を助長するにすぎない。そのために、移籍金の支払い義務は、サッカー界全体の経済的あるいは競技能力上の各クラブ間の対等性を確保するという目的達成手段としては不必要であるだけでなく不適切でもある。また、移籍金の支払いを受けたとしても、それが若年選手の育成に直接かかわるとは限らず、若年選手の育成から発生するコストと移籍金の授受とは直接結びつくものではない。以上のように認定して、欧州司法裁判所は、移籍規制の正当化論拠として示された事由は、単に過去において労働者の移動の自由の制約を行っていたという事実を裏づけるだけの内容しか持たず、結局、当該規制を事件当時の欧州共同体条約に違反する違法なものと結論づけたのであった。

無効の効果は将来的なもの

本来、欧州司法裁判所でEU法に違反して無効であると判断される規制は、当初から違法で無効とする一般的・遡及的効果を持つと考えられている。しかし、ボスマン判決で問題になった移籍規制は、そもそもボスマンの事案だけで適用されたわけではない。ヨーロッパにおける多くのプロ選手にも、ボスマン判決以前では適用されてきた。ボスマン判決で無効とされた結果、それ以前のすべての移籍金支払いの事例まで無効にしてしまうと、数えきれない過去の事案でも問題が生じてしまう。そこで、欧州司法裁判所は、プロ選手の移籍規制についてのUEFAの統一的ルールの無効はボスマン判決の時点で係争中の事案に限って適用されるべきもので、すでに過去において支払われた移籍金についてはボスマン判決で示された内容の効果は及ばないとの例外的な判決の効力についての判断も付け加えるのであった。

第九章　助成のための資金調達?

1　オール・スター のようなサッカー・クラブの問題

ボスマン判決のプラスの効果

ボスマン判決はＵＥＦＡによる選手の移籍規制に風穴をあけたという点で、欧州司法裁判所の非常に有名な判決の一つとなっている。まさにクラブの選手保有権と結びついたプロ選手のライセンス譲渡という形式でのプロ・サッカー選手の移籍規制はＥＵ法の労働者の移動の自由を侵害するという点で違法とされた結果、また、ＥＵ域内であればＥＵ市民として加盟国の国籍保有者の就労は制限されないとしたＥＵの就労規約をプロ・サッカー選手にも適用すべきであるとの判断（この結果、ＥＵ市民を域内の各リーグにおいて外国人選手としての取り扱うことが禁止されるようになる）からも、ＵＥＦＡの移籍規制が廃止され、選手個人の判断でのリーグを超えたクラブ移籍が一見すると可能なようになった。そのために、ＥＵ市民としてヨーロッパ・サッカー・リーグで活躍する選手は、自らの判断で自らの選手としての能力を高く評価してもらえるクラブに移籍する自由が認められるようになったのであった。ここに、スポーツ団体での選手と統括団体の関係の問題は、単純かつ一律に団体の自律権に基づく内部問題として司法裁判所の関与しえない事象になるのではなく、一定の場合には、裁判所という公的機関による解決を求めることができる問題になることが明示的に示されたということができる（救済手段がスポーツ団体の内部的手続だけではないということが明らかになったといえる）。

結果としての「銀河系軍団」の出現

プロ・サッカー選手の移籍の自由は、やがて二一世紀に入り、ＥＵ市民にだけでなく、広く一般的に認められるようになる。特に、二〇〇五年四月、欧州司法裁判所は、ＥＵでの労働条件について協約を締結している域外諸国（ロシア、ウクライナなどの東ヨーロッパ諸国、および英国やフランスの旧植民地であったアフリカ諸国の多くがこの協約を結んでいる）の市民についても、ボスマン判決が適用される旨の判断を下したために、ＵＥＦＡでは、選手移籍に関する規制を撤廃し、クラブの選手保有権を、当該選手とクラブ間で締結されているプロ選手契約の期間内に限定することにした。そのために、選手契約終了後、選手は自由に他のクラブとの契約締結交渉を行うことができるようになり、自己の能力を自己の欲する場所で発揮してその対価を得ることができるようになった。その結果、一部の資金を潤沢に持つビッグ・クラブは、ビッグ・ネームの選手を集めるようになり、それこそオール・スターの「銀河系軍団」との異名を持つようなクラブが登場するのであった。

選手の頻繁な異動とアイデンティティの揺らぎ

確かにボスマン判決は、選手個人にとっては移籍の容易さをもたらし、活躍する場を自己の判断で求める機会を飛躍的に高める効果を持つ。その結果として、選手のクラブ間移籍が頻繁に起こり、だれがどのクラブに所属しているのかを把握することが難しい事態も生ずる結果を惹起した。さらに、ある国のリーグの試合において、当該国の選手がほとんど出場していないという事態もまれではなくなった（そのためにあるクラブの試合出場選手の構成を皮肉って「国際連合決戦」などと呼ばれる事態も登場する）。それとの関連で、元々のＵＥＦＡによる移籍規制はクラブやサッカー・リーグの持つアイデンティティ保持を確保するためのものではなかったのか、そうだとすると、それはプロ・サッカーが持つ経済性だけではなく、クラブやリーグというスポーツ団体の自律性原理の核心部分、言い換えれば社会的機能に由来する公共性の側面に直接かかわるものであり、単純に経済性のみからＥＵ法の規律に服するとはいえないのではないかとの疑問が提起されることになる。

第三の当事者としてのサポーターの存在

確かにオール・スター軍団によるクラブのサポーターは、試合をすれば勝利するという結果を期待できるために、クラブの強化策を喜ぶ者もいることが予想される。しかし、スポーツ、特に人気の高いサッカーのような事象は、結果の不確実性があるからこそ、サポーター・ファンは、自分のひいきクラブ、すなわち「オラがクラブ」を応援し、結果に一喜一憂することに日常生活の楽しみを見出すのである。サッカーのような人気スポーツは、リーグ・クラブと選手という私的な権利主体間の二極構造でだけ形成されているわけではない。すなわち、リーグやクラブは、国や地域と市民を結びつける同一化の可能性という社会的・公共的機能をも有している。大幅で頻繁なメンバーの異動は、リーグやクラブと試合を楽しみにしている観衆やサポーターとの一体性が失われるという問題をも内包している。そのために、一部のビッグ・クラブだけがなし得るようなマネーゲームと強化策の展開に対しては、スポーツにおける第三の当事者としてのサポーターやファンの存在を考慮に入れた考察が必要といわれるのであった（実際に、このようなクラブとサポーターとの間の一体性の欠如を惹起したボスマン判決に対する批判的視点から、事件を提起したボスマン個人に対する非難がなされることもあった）。

2　ボスマン判決の最大の問題点

移籍金制度の存続？

選手の保有権を伴うプロ選手ライセンスの譲渡という形での移籍金制度をベースにしたUEFAによる選手の移籍規制の規約（同時にEU域内の外国籍選手の保有数制限も含む）は、確かにボスマン判決により廃止された。しかし、新聞やテレビあるいはインターネットにより、現在でも選手のクラブ間の移籍について、特にビッグ・ネームの場合、数十億円、場合によっては数百億円の「移籍金」の新所属クラブからの支払いが報道されている。このような報道を目にすると、UEFAの移籍規制の廃止はあまり意味がなかったかのような印象を受ける。そこで、現在、「移籍金」と呼ばれているものが一体何なのかを確認し、なぜボスマン判決後もこのような仕組みが残っているのかを考えておくことは重要な課題となる。

選手契約の譲渡という新たな仕組み

元々、選手保有権と結びついたライセンス譲渡という意味での移籍金制度は、クラブ運営のための資金獲得のための重要な手段となっていた。すなわち、クラブは、少年・少女の頃から若年層の選手を育成し、その能力を向上させ、パフォーマンス能力の高まった選手がプレー場所を求めて他のクラブへ異動する場合には移籍金を獲得し、それをクラブ運営と同時に次の若年選手を育成する資金としていたのである。ボスマン判決はそのようなクラブ・ビジネスの手段を否定したことになる。そこで、いわゆる移籍金に代わる仕組みとして、選手の移籍希望を前提に、希望先クラブと所属クラブとの間の交渉により、選手契約の譲渡という形で新たなビジネス・モデルを開発したのが現在「移籍金」と呼ばれるものになる。選手は、プロとしての地位を確保しておくために、三年から五年、長くなると一〇年の長期にわたるプロ選手契約をクラブと締結する（日本のＪＦＡのルールでは選手契約は最長五年とされており、この点でもヨーロッパとは異なる）。そして、当該契約期間中に移籍を希望する場合、残りの選手契約を移籍希望先のクラブが買い取るという形で現在のサッカー・クラブ・ビジネスが展開される。そのために、ボスマン判決から期待された効果とは逆に、クラブ間のマネーゲーム化が進み、より一層大金が動くビッグ・ビジネスとしてヨーロッパ・サッカーが展開されるようになる。

傭兵として商品化の進む選手としての個人

このマネーゲーム化は、実はボスマン判決の内容にも原因がある。判決当時はまだリスボン条約は締結・施行されておらず、また、ＥＵ基本権憲章も制定されていなかったためか、欧州司法裁判所は、ＵＥＦＡによる移籍規制をもっぱらプロ・サッカーの持つ経済性の側面での問題ととらえ、選手を労働者としてその移動の自由（国籍による差別の禁止を含む）を認めるか否かという観点からのみＵＥＦＡのルールを審査し、違法と判断している。そのために、その判断が、その後の選手契約の譲渡という新たなビジネス形態を生み出す結果に行きつくのも自然な流れだったのかもしれない。しかし、移籍規制の本質的な問題は、個人を中世の傭兵（日本のプロ・スポーツでも同じであるが、当時のヨーロッパ・サッカーでも外国籍の選手を「助っ人」と呼んでいた）のように扱い、クラブ間において金銭でやり取りする対象に貶めている、そして、そのような状況を前提に考えれば、問題の本質は、そのような人間の商品のような取扱いがEUの基本価値としてその根底にある「人間の尊厳」原理に違反するのではないかという点にあった。移籍金が選手契約の譲渡金に代わろうと、また、たとえクラブ間の交渉の発端が選手の希望によるものであろうと、現在においてもヨーロッパ・サッカーでは、選手個人を人間としてよりも商品としてクラブ・ビジネスにおける取引の対象にしている点では、ボスマン判決後も変わりない。その意味で、まだサッカー界の選手取扱いに関する問題は、EUの基礎ともいうべき基本権保障という観点からは解決されていないということになる。

3　競争のための資金調達？

リーグ間の競争も激化

ボスマン判決の結果、選手移籍の自由とともに、EU域内の選手保有の制限も廃止されたため、EU市民であるビッグ・ネームの選手をかき集めることが可能になり、クラブ・リーグ間の選手の流動化、クラブだけでなくリーグ間でのマネーゲーム化、グローバル化が急激に加速することになった。ただ、こうした強化策が可能なのはごく一部の金銭的にゆとりのあるビッグ・クラブあるいはそれを傘下に治めている有力リーグに限られている。ＵＥＦＡ加盟各国サッカー協会は、そのために自己の傘下にあるリーグの強化を図り、それによってナショナル・チームの成績向上のための様々な工夫を施すよう市民・国民から求められるようになる。ＵＥＦＡは、傘下の各サッカー・リーグの指標としてナショナル・チームにランキングをつけ、毎年、各リーグ強化のための刺激を与え続けることで、リーグ間の競争を煽ることになる（例えば、公表されている最新データとして二〇一七年度のランキングでは、ドイツが一位、ポルトガルが二位、ベルギーが三位、スペインが四位、フランスが五位とされている。なお、最近ではリーグそのものではなく、ＵＥＦＡは、カントリー・ランキングとクラブ・ランキングとしてそのランキングを発表している。二〇一九年はカントリー・ランキングとしてスペインを一位に、イングランドを二位、ドイツを三位、イタリアを四位にし、二〇二〇年のクラブ・ランキングではレアル・マドリードを一位に、アトレティコ・マドリードを二位、バルセロナを三位としてスペイン・リーガ・エスパニョーラ所属クラブが上位に位置づけられ、四位にはドイツ・ブンデス・リーガのバイエルン・ミュンヘンが、五位にはイタリア・セリエＡのユヴェントスが位置づけられている）。

競争のための国家による資金補助

リーグ間の競争は、まさにEUの域内市場における公正な競争モデルでもある。しかし、自然のままにしておくと、自国選手のビッグ・ネームは、よりよい参加報酬を求めて他国のリーグ・クラブに移籍してしまう可能性も否定できない。そのために、あるいは自国の威信を保持するために、資金力の弱いリーグを国が一定の限度で保護するという政策が公にとられることがある。また、一般的な観点からも、EU加盟各国では、それぞれの国の法制度に従い、自国の独自性を維持するために文化保護政策が展開される。そして、サッカーというスポーツの国内での位置づけから、EU加盟国は、それぞれのサッカー協会に文化保護政策の一環としてのスポーツ保護のための補助金を提供することで、脆弱な資金力の援助・支援を行うことになる。

国家もEUの規制対象

しかし、国家（州・地方公共団体などの公法人をも含む）による公の補助は、行き過ぎると加盟各国間の競争を阻害する虞もある。すなわち、国境線の内側でだけ有利となるような補助金の給付は、EU全体からみれば、域内市場の競争を阻害する可能性を持つのである。そこで、EUは、詳細な競争法に関する規定を欧州連合運営条約第七編第一章において定めるとともに、域内市場における競争法規の制定をEUの専属的立法権限（欧州連合運営条約三条一項b）とし、域内市場での公正な競争の形成・維持にとって邪魔になる行為を禁止することになる。そして、競争秩序に関しては、加盟国の措置そのものもＥＵの規律対象となり、条約上の例外を除き、「形式を問わず加盟国により供与される補助または国家の資金により供与される補助であって、特定の事業者または特定の商品の生産に便益を与えることにより競争を歪曲し、またはそのおそれがあるものは、加盟国間の通商に影響を及ぼす限り域内市場と両立しない」とする欧州連合運営条約一〇七条一項を根拠にして、国が補助金等の給付を通じて競争阻害的な効果を及ぼせば、それこそ例外なくＥＵはそれを禁止することになる。

4　国の経済活動はＥＵの規制対象

民営化による規制事象の減少

国等が経済活動をすれば、いうまでもなくそれはＥＵの規制に服する。ＵＥＦＡの経済活動がＥＵの規制対象になるのと同じように、企業と同様、国等にも、それらが経済活動の主体としての事業を展開する限り、そこにはＥＵ法の規律が及ぶことになる。この点は、一般的な経済的利益を有する公共サービスについても同様に取り扱われる（欧州連合運営条約一〇六条）。そして、特に二〇世紀の終わりから二一世紀の初頭にかけて、郵便や鉄道事業といった従来国家の独占で展開されていた事業の民営化が各国で進み、国家による経済活動が減少する傾向がみられ、その結果として、加盟国やその下にある州・地方公共団体は、経済的主体としてというよりも、前述の通り、公的存在としての補助金等の給付にEUからの規制がかけられるようになっている。このように、国等の公的組織であってもEUから経済活動のアクターとみなされれば、それは規制対象として取り扱われるのである。

補助金のための財源は？

一般に、スポーツ保護を含めた文化保護のための補助金は、国家予算の範囲内で支出される。ところが、一般的な国家活動への支出とは別に、補助金という形式で、ある特定の民間活動を支援するために多額の給付を税金から賄うことは、様々な観点からの政治的な問題を提起する。すなわち、ある分野の活動を支援するが他の同種の活動には支援をしないという点で賛否が分かれ、政治的な論争を惹起することがある。そこで、ヨーロッパ、特にEUの中心になる加盟国でも、スポーツや文化保護のための補助金を賄う目的で、独占的な経済活動を行うことになる。それが、ヨーロッパで古くから行われてきた歴史があり、日本と同じように国家独占で行われるスポーツ・くじの販売である（これがイタリア語でトト・カルチョと呼ばれる）。

スポーツ保護の財源確保の手段としての国家独占

スポーツ団体を支援するための財源はスポーツ活動自体から捻出するという理由で、EU加盟国の多くは国家の独占形態でスポーツ・くじを販売し、その売り上げを補助金の財源に充てていた（この点は、日本のスポーツ振興くじと同じである）。しかし、ＥＵの域内市場における経済的な視点での「競争」概念は、市場での独占権力の不在を「競争」状態の存在ととらえる傾向がある。そして、それと同時に、ＥＵでは、独占状態の不存在という市場経済モデルからだけでなく、複数の競合者によって稀少な財の獲得ないしは同一の目標へ向かって競い合うことをもって「競争」ととらえられることもある。この「競争」概念からすれば、国家がスポーツ・くじの販売を独占的に行い、同時に同一目標に向かって競い合う存在がない状態は、まさに反「競争」的となり、ＥＵ法の下でこの国家独占が許容されるためには、そもそも「競争」秩序の中で実現し得ない正当な公共の利益を追求する場合に限られる。したがって、スポーツ・くじ販売の国家独占という手段は、たとえスポーツ保護のための財源確保という目的があっても、十分な正当化理由を提示できなければＥＵ法の下で許されない。

欧州司法裁判所による違法判断

国家によるスポーツ・くじ販売の独占（国家そのものというよりも国や地方公共団体傘下の公的企業体を設立し、その他の事業者の参入の禁止（賭博開帳・富くじ販売罪として刑罰の対象にする）という方法）は、ＥＵ法の下において、その基本原理たる基本的自由の一つである自由な開業の権利（旧欧州共同体条約四三条、現行欧州連合運営条約四九条）および自由なサービスの移動（旧欧州共同体条約四九条、現行欧州連合運営条約五六条）との関係で問題とされた。そして、イタリアでのスポーツ・くじの国家独占（今は

ＥＵから離脱してしまった英国のブックメーカーがイタリア・セリエＡの試合を対象にするスポーツ・くじをインターネットでイタリアにおいても購入できるようにしたことをイタリアの国内法で禁止したことが事件の発端になっている）についての二〇〇三年一一月六日の欧州司法裁判所の判決は、国家独占という手段を、正当な公共の利益となる立法目的の達成手段として首尾一貫しておらず、自由な競争を制限する手段としては正当化できないとの判断を下した。要するに、各国が採用する賭博・富くじの国家独占という方法は、市民の労働意欲を低下させないようにするための賭博の常習性や射幸心を抑制するという目的と、スポーツを含め各国の文化保護政策を実施するための財源確保という二つの目的を有しているが、一方の目的を実現しようとすれば他方の目的が実現されないという矛盾を孕む首尾一貫しない方法になっているというのであった。

首尾一貫した方法での財源確保の必要性

欧州司法裁判所の判決は、賭博に対する国家規制について比例原則を厳格に適用することで、ＥＵ法の基本原理たる基本的自由の侵害になるとの判断を下している。確かに常習性や射幸心の抑制は、競争制限的方法で、つまり賭博を煽らないような方法でないと実現できないが、財源確保、つまり財政的利益獲得という目的は、逆にスポーツ・くじの購入を煽らないと実現できない。国家による独占は、このように互いに矛盾する目的を持つために、手段として適切でないとされたのである。ここでは、スポーツ・くじの販売そのものがＥＵ法の下で否定されたわけではない。その販売と売り上げに関する国家の独占的運営がＥＵ法の下で違法とされたのである。したがって、財源確保のために売り上げを伸ばしながらも、賭博に対する常習性や射幸心を抑制する形でスポーツ・くじを販売する方法は、加盟各国で検討することが必要になる。この点、ＥＵの主要国であるドイツでは、連邦憲法裁判所により、欧州司法裁判所の判断を参照しながらバイエルン州のスポーツ・くじ（二〇〇六年ドイツ・サッカー・ワールドカップ開催のための資金確保を目的に創設されたもの）の独占販売を営業の自由に対する違反と判断した結果、現在ではスポーツ・くじ販売を営業形態に関する厳しい基準の下での許可制にし、その売り上げに対しては特別の税金を課す仕組みが作り出されている。この点で、日本では賭博開帳の禁止、富くじ販売の禁止という刑法の規定については、公共の利益を害する犯罪行為を規律ことは問題ないとの最高裁判所による判断が示されているが、ヨーロッパのサッカー・リーグの試合を対象にするスポーツ振興くじの販売が認められていることに鑑みて、そのような富くじ販売の国家独占を認める「スポーツ振興投票の実施等に関する法律」やそれに関連する法令の憲法適合性は争われていない状況と比較すると、ヨーロッパによる基本的自由や基本権侵害を理由とした規制緩和の方法は、斬新なものと見えてしまう。

欧州司法裁判所によるスポーツ・くじの国家独占は、競争制限的効果を持つ経済活動として域内市場における基本的自由（すなわち開業の自由およびサービスの自由移動）に対する重大な介入になるとし、その加盟各国の立法者による内容形成は、首尾一貫性の要請により、比例的なもの（目的達成にとって必要かつ適切で、得られる利益と失われる利益が均衡していること）であることが必要とされることになった。そして、この判断は、同じく国家の独占形態で行われているポルトガルでの賭博規制に対する二〇〇九年九月八日の判決を筆頭に、最近では、二〇一五年六月一一日のハンガリーの富くじ販売の国家独占に対する判決にまで至っている。ここに、サッカー協会をはじめとするスポーツ団体への補助金等の支出だけでなく、そのための財源確保手段についても、EUは、加盟各国の政策的判断に介入して統一的な規律を及ぼそうとしているのであった。それは見方を変えると、UEFAが、加盟各国協会に対して、それぞれの国のリーグ間（最近ではリーグを構成する加盟クラブ間をも含める形）での競争を維持・実現するために、規約において各国協会が守るべき統一的ルールを定めているのと類似する結果になっている。

EU加盟各国での国家独占の違法判断

第一〇章　EUの持続可能な発展のための活動

1　サッカーというスポーツの隆盛

サッカーの中心としてのヨーロッパ

サッカーというスポーツの盛り上がりは、日本のJリーグをみるまでもなく、地球規模で進んでいる。女子サッカーはアメリカ大陸でも盛んにおこなわれているものの、男子のナショナル・チームによるサッカー・ワールドカップ・ブラジル大会では、ベスト四に二カ国のヨーロッパ・チームが残ったことからもわかるとおり（ドイツが優勝。なお、直近の二〇一八年のロシア大会ではフランスが優勝、二位がクロアチア、三位ベルギー、四位イングランドと上位四チームがEU加盟国になっている）、また、日本や南米のチームも含め、出場した非常に多くの選手はヨーロッパのプロ・サッカー・クラブに所属していることから、EU加盟国のサッカー・リーグは、現在、世界中から集まった有力選手がプレーする場となっており、そこでの活躍が、グローバル化したサッカーというスポーツの世界で飛躍する出発点の様相を呈している。その点に鑑みて、ヨーロッパは、その復権を目指して出発したEC／EUに先立って、グローバル化の中でサッカーというスポーツ事象における、ある種の中心的地域になっているといえるのであるのである。

商業化したプロ・サッカーの法的側面

そのようなヨーロッパの世界規模における中心としての地位は、まさにサッカーというスポーツがプロ活動として展開されている点にある。サッカーという世界で飛躍するために、選手は、ヨーロッパ、特にEU加盟国のサッカー・リーグのクラブとプロ選手契約を結び、そこでプレーすることが重要と考えている。ただ、その結果として、ヨーロッパ、特にEU加盟国では、サッカーというスポーツの持つ競技としての側面もさることながら、プロ・スポーツとしての商業化した側面が強調されることになる。すでに本書でも取り上げたように、プロ選手契約の下での選手の移籍規制のEU法上の問題や、プロ・クラブ運営の資金獲得のための活動に対する法的規律などは、まさにプロ・スポーツとしてのサッカーの法的側面を色濃く示すものといえる。

経済性と公共性の融合する事象としてのプロ・サッカー

しかし、サッカーというスポーツには、一つの文化的事象として経済性と公共性の融合する分野となる特徴もある。人々は、サッカーの試合を観戦することで、あるいは、サポーター・ファンとして、サッカーというスポーツに自らを重ね合わせ、同一化を図ることでクラブ・チームやナショナル・チームとの一体性を見出すことがある。そのために特に、ヨーロッパ全域を統括する欧州サッカー連盟（ＵＥＦＡ）は、サッカーというスポーツ文化の持つ両側面を融合的にとらえることで、ＥＵに先駆けてヨーロッパの一体化、ＥＵ市民という感情形成の触媒としての機能を果たそうとしていた。もちろん、市民の同一化、アイデンティティの形成は、サッカーというスポーツ事象に限られるわけではない。サッカーよりも歴史の古い音楽においては、音楽家はいわゆる交響曲や協奏曲といったクラシック音楽やポップ・ミュージックの創造・演奏を通じて自己のアイデンティティを形成し、そこに自己との同一化を見出すこともある。しかし、個人的なレベルでの同一化を通じて社会統合的機能を果たす事象として、ヨーロッパではサッカーというスポーツ以上に重要な役割を持つ文化的活動は存在しないといっても過言ではない。そこで、ＥＵの法的問題としての観点から、ヨーロッパにおけるプロ・スポーツの代表であり、ＥＵからもヨーロッパ統合の推進力として期待されているサッカーを、公法・私法（換言すれば公共性と経済性）の融合領域として取り上げて検討していくことが必要になってくる。

2　経済活動としてのプロ・サッカー

興行を商品とするプロ・スポーツ

プロ・スポーツがその興行を商品として提供するものである以上、スポーツ活動そのものが経済活動とみなされる。選手にとっては、スポーツそのものが職業として自己の人格を発現する場であると同時に生計を維持するための活動となる。そして、選手に対価としての報酬を支払うのは、まさにプロ・スポーツ・クラブであり、そのいくつかは経済活動の主体たる株式会社の形態で設置されている。また、それと同時に、有力な加盟各国リーグの運営主体も株式会社として存在し、それがヨーロッパ・サッカーの隆盛を支えている。その意味で、ヨーロッパにおけるプロ・スポーツの代表となるサッカーは、経済活動としてもその隆盛を誇っているのである。しかもその点は、各国リーグで有力とされるビッグ・クラブが莫大な経済的利益を上げる優良企業とされることからも、ビジネスとしてのサッカー・クラブのマネジメントは、地域経済の中心となることにも現れている（例えば、株式会社ではないが、登録済社団（eingetragener Verein）であるＦＣバイエルン（バイエルン・ミュンヘン）は、資産価値格付けにおいてドイツ国内では一位、ＥＵ加盟国内においてもレアル・マドリード、ＦＣバルセロナ、（マンチェスターＵ・ＦＣ）（イングランド）に次ぐ四位とされており、ミュンヘンを中心にするバイエルン州では自動車企業のＢＭＷと共に最も優良な経済的主体とされている)。

様々な法的組織形態をとるサッカー・クラブ

もちろんヨーロッパ・サッカーは、すでに述べたように、リーグ毎に、クラブの形態もリーグそのものも多様な法形式で組織化されている。そのために、あるクラブは会社法による規律に服し、別のクラブは私法の他の団体法制によって規律される（例えば、ドイツ・ブンデス・リーガでは、先に挙げたようにＦＣバイエルンなどは登録済社団であるが、ボルフスブルクなどは有限会社、ボルシア・ドルトムントなどは株式会社となっており、クラブの法的組織形態も様々である)。そして、会社法を含めた私法の団体法制は、ＥＵによる統一的規律というよりも、ＥＵの大綱的モデルを基礎にして加盟各国の法秩序の中で規定されており、その意味で、加盟各国リーグのクラブやリーグそのものの組織ガバナンスは、経済活動としての多様性を示すものになる。

赤字経営は許さないＦＦＰ

そのような存在形式の違いにもかかわらず、ＵＥＦＡの統括の下にある加盟各国のプロ・サッカー・リーグは、まさにそれがプロフェッショナルによる興行としてのスポーツという点で、それ自体が経済活動としての特徴を前面に押し出した形で展開される。その点で、ヨーロッパの各国リーグを統括するＵＥＦＡは、ＥＵの指針に基づき活動することを要請され、経済活動としての側面において統一的な規律を試みることになる。その一つが、クラブの財政的健全化を目標として、二〇一一年に導入され、二〇一四年から実施されているファイナンシャル・フェアプレー（ＦＦＰ）である。それは、マネー・ゲーム化するヨーロッパ・サッカー界の現状に対して、クラブの赤字経営の慢性化を解消し、経営の健全化・安定化を求めたＵＥＦＡの統一的ルールである。そこでは、クラブの支出する経費が当該クラブの純粋にサッカーによって得られた経済的収益を超えてはならない、すなわち収入を上回る資金をクラブ強化策に支出することを禁止する規制（高額の契約譲渡金によるクラブの赤字をオーナー（企業）のポケットマネーで補てんすることも禁止）であり、この規制をクラブが守らない場合、クラブ・ライセンスの剥奪やＵＥＦＡ主催のリーグ戦への出場を認めない（あるいは登録選手の数を制限する）などの制裁措置が採られることになる。そして、ＦＦＰによると、サッカーによる収入として認められるのは、リーグ・カップ戦順位による賞金、主催ゲームのスタジアム入場料、ＴＶ放映権料、広告・スポンサー料、グッズ販売の収益、マーケティング収入、選手契約の譲渡収入であり、それと対比される支出としては人件費、営業費用、選手契約購入による選手獲得費、借入金の返済となり（但し、スタジアムやトレーニング施設などへの長期的な投資による負債、育成部門の費用は支出に含めずに控除される）、毎年九月末を期限に、ＵＥＦＡがクラブの過去三シーズンにわたる経営収支をチェックし、支出超過が限度額を超えている場合には、クラブに経営内容のさらなる開示、収支改善計画の提示をＵＥＦＡがクラブ側に要求することになる（この三年間ルールは日本のＪリーグクラブライセンスの要件の中に含まれている）。

持続可能な発展のためのルール

このＦＦＰのような規制は、クラブの財政破綻を未然に予防し、プロ・スポーツとしてのサッカー界において、人々の人気を集めるサッカーというスポーツの持続可能な発展を将来的に確保しようとする試みの一つといえる。ただ、経済活動である以上、興行による収益の獲得は当然であるが、プロ・サッカーの場合、試合での成績がその経済的収益獲得に重要な意味を持ち、より多くの収益を獲得するためにはリーグ戦においてよりよい結果をおさめることが一つの重要な要因になる。つまり、リーグ戦等の成績がダイレクトにクラブ経営に反映され、成績がよいときはそれがクラブ経営の推進力となってクラブそのものの経済的価値を高めるが、成績が下降すれば人気の有無にかかわらずクラブの経営能力を弱めるという形で現れてしまうのである（この点が成績の良し悪しにかかわらず球団の経営能力にあまり影響を与えない人気チームもある日本のプロ野球とは少々異なるところといえるが、近年はサッカー人気に押されてプロ野球界全体が収入減になっており、その改善策を早急に検討することが必要とされている（第Ⅰ巻第七章４参照））。そして、収益を含めたそのようなクラブの経営能力が、スポーツ・クラブとしての経済的な資産価値となって表されることになる。

両刃の刃となるＦＦＰ

しかし、そこには大きな落とし穴もある。クラブの資産価値を高める強いチームを作るためには、より多くの資本投入によって有力選手を獲得する必要がある。ただ、選手の移籍の自由が促進されている現在、有力選手獲得にはかなりの資金が必要となり、それがクラブの財政的基盤を圧迫する。結局、クラブの資産価値を高めようとすれば、リーグでの成績の向上を目指してビッグ・ネームの選手の獲得による強化策をとることが最も手っ取り早い方法となり、そうなると収入以上の支出を余儀なくされる可能性もあり、持続可能な発展を目標にするＦＦＰのような規制は、クラブにとって両刃の刃のような効果を持つことになる。そのために、クラブ運営の責任を担う者には、長期的な視点でビッグ・ネームの獲得よりも若手選手の育成に重点を置き、しかもサポーター離れを食い止める方法を考えるというような、高度なマネジメント能力が求められることになる。これが、プロ・サッカーという商業化された事象の、まさに経済的側面の典型となっているのである。

3　企業の社会的責任

スポンサーを必要とするクラブ運営

ＵＥＦＡによるＦＦＰの導入は、まさにサッカーというヨーロッパ、特にＥＵ加盟国に共通の文化的公共財の将来へ向けた持続可能な発展を促進するための措置になる。しかし、財政運営の健全さは、すでに述べたように、商品としての試合での成績の向上を目指す上で、大きな障害にもなりかねない。ＦＦＰ対応のために有力選手との高額の契約を放棄すれば、クラブ・チームは弱体化する。そうなれば、サポーター離れが加速し、ホームゲームでの入場観客数も減少し、チームの資産価値も下がり、結局、クラブ自体の存続が危ぶまれることになりかねない（イタリアのあるチームはＦＦＰ対策で主力選手を放出し、チームが弱体化して売却されるという結末に至った）。そこで、クラブの資産価値を低下させずに財政的運営を健全化するために、多くのクラブが採る方策が、有力企業とのスポンサー契約の締結になる。そしてそこに、ＥＵにおける経済活動についての一つの特徴が見出せることになる。

企業の社会的責任の一環としてのサッカーを通じた社会貢献

ＥＵでは、プロ・スポーツ、特にサッカーのクラブやリーグに企業が積極的に資金提供する傾向がみられる。クラブの親会社あるいは株主として、または純粋のスポンサー企業として、ＥＵの企業は積極的にプロ・サッカーに「投資」する。それは、日本やアメリカの企業にありがちな、クラブ・チームのユニフォームに企業名が掲示されることによる広告宣言の効果に期待してのことだけではない。また、サッカーへの「投資」によって消費者に対する企業イメージの向上を狙ってのことでもない。もちろん、そのような効果を全く否定するわけではないが、むしろEU域内の企業は、サッカーへの「投資」を、企業の社会的責任(Corporate Social Responsibility：以下、CSRとする)の一環として行っている。そして、そのCSRは、経済活動の主体である企業が一定のレベルまで行うようEUによって義務づけられた活動でもある。言い換えれば、企業がサッカー・クラブに資金提供として投資するのは、一つの社会貢献活動と考えられているのである。ここにも、サッカーというスポーツの持つ公共性の側面が現れることになる。

社会の持続的発展のための企業による投資活動

EU型CSRは、日本やアメリカで考えられているような環境保護やコンプライアンスという形での消費者に対する企業イメージのアップを狙いにするものではない。その特徴は、社会的な存在としての企業が、企業の存続に必要不可欠な社会の持続的発展に対して必要なコストを払い、未来に対する投資として必要な活動を行うこととされる。クラブやリーグ自体は、まさに文化的公共財の担い手として、サッカーというスポーツ振興による持続可能な社会の発展に寄与するものとなる。同時に、スポーツ環境の整備や次世代を担う青少年へのスポーツ振興を通じて、将来へ向けたある種の「投資」活動を行っていると考えられている。特に、サッカーをはじめとするスポーツは、その固有のルールを遵守する形で展開されることから、ルールの遵守という意味でのコンプライアンスは、はじめから問題にならない。そして、ＥＵでは、その統合を促進する機能を期待される共通の文化としてのサッカーは、その直接の担い手であるクラブやリーグだけではなく、一般の企業もＣＳＲの一環としての活動を展開しやすい事象になる。要するに、クラブやリーグではなく、一般の企業にとっても、それらの担い手への「投資」自体が、ＥＵに共通の基盤となる社会の持続可能な発展をもたらす活動とみなされるのである。ここに、サッカー・クラブへの「投資」という形での関与は、企業イメージの向上という副次的効果を伴いながら、ＥＵによって要請させる将来への社会的基盤整備としての側面をより前面に押し出す形で、ＥＵ域内の企業にとっては最も都合のよい活動になっているのであった。

4　サッカーからEUの発展へ

ステークホルダーに対する企業の説明責任

ＥＵ型ＣＳＲは、社会の持続可能な発展のための企業活動である。ただ、企業活動である以上、それが本当に「投資」に見合うだけのものか否かは、企業の側も出資者である株主との関係で検討する必要に迫られる。いわゆるステークホルダーに対する企業の説明責任という側面がここで現れる。すると、弱体化したクラブに本当に企業がスポンサーになってくれるのかという疑問が提起できる。そうなれば、常に勝利が期待できる強いクラブへの「投資」は促進されるが、弱体化したクラブへの「投資」は見送られる可能性も出てくる。そこに、ある種のジレンマのような状況が予測される。そしてこの点が強調されればそれだけ、サッカー界全体としての発展の停滞を惹起する可能性が高まってしまうことが予想される。

消費者としてのサポーターを視野に入れた企業の投資

しかし、ＥＵでは、必ずしもそのような事態に陥らない環境にあるという点が興味あるポイントになる。企業にとって、

ステークホルダーは株主だけではない。サッカーは、特に人気スポーツとして、クラブにはサポーター・ファンがついている。特に地域密着型のホームタウン制の下での地域に特化したサッカーの場合、弱小チームのサポーター・ファンは時として企業にとってはフランチャ

イズとなるホームタウンでの重要な消費者となる。もちろん強豪チームだけではサッカーというスポーツは成り立たない。対戦相手が存在しなければ、興行としての試合を開催することはできない。たとえ弱小クラブのチームであっても、それを支えることが文化的公共財としてのサッカーというスポーツを、将来に向けて持続可能な形で発展させる効果に貢献していることになる。そして、それは、やがてＥＵというヨーロッパ統合を目指す現在のヨーロッパという社会の持続可能な発展を促すことにもつながるといえるのである。同時にまた、消費者としてのサポーター・ファンを視野に入れた企業のクラブへの投資・資金提供活動は、時としてそれが熱狂的な集団としてのサポーター・ファンであることが多いがゆえに、地域における企業イメージの向上と企業自体の経済的収益の増加という副次的効果が期待されるものになっているのであった。その意味で、ヨーロッパ・サッカーは、その親会社・スポンサーとなる企業を含めたＥＵの域内市場における重要な経済的要素となっているのである。

第一一章　ＥＵ市民法とプロ・サッカー

1　地域密着型のプロ・サッカー

「おらがチーム」とフランチャイズ制

ＥＵ型ＣＳＲとの関係で問題となり得る弱体化したクラブへの企業の投資の可否は、いわゆる地域密着型の一種のフランチャイズ制というヨーロッパ・プロ・サッカーの組織的特徴がキーワードになる。このフランチャイズ制という特徴は、欧州サッカー連盟（ＵＥＦＡ）によって規定される、プロ・アマを問わずヨーロッパ・サッカー全体の組織原理の一つとされている。ヨーロッパでは、このＵＥＦＡのルールに則り、各国サッカー協会の下で展開されるリーグ戦を「ホームタウン制」の下で認定される各地域のクラブによって展開しなければならない。そして、通常の場合、一つの「ホームタウン」の下に一つのクラブが認定され、そのクラブが「ホームタウン」にあるスタジアムで試合を行うことになる（例外的にドイツ・ミュンヘンやハンブルク、スペイン・マドリード、英国・ロンドンには複数のクラブが認定されているが、それぞれのクラブが「ホームタウン」とする地域は重なりながらも異なっている)。そのためにクラブは地元市民にとっての「オラがチーム」としての特徴を強く打ち出し、サポーターは地元市民によって編成され、また、地元を離れた市民にとっても故郷のチームとしての愛着を抱き続ける存在となっている。この点は、日本のJリーグでも同じであるが、同じくフランチャイズ制をとりながらも全国的規模でファンを集めることに熱心な、そしてそのことによって球界の盟主としての地位を維持しようとする日本のプロ野球チーム(例えば試合のテレビ中継を親会社の放送局で全国的に独占するようなチーム)の存在とは異なる点になるが、最近では各球団の地域密着型方針により、日本のプロ野球もホームタウン制が定着してきているといわれている。

サッカーの「ホーム・アンド・アウェー方式」

サッカーの場合の「ホームタウン制」は、日本やアメリカのプロ野球の「フランチャイズ制(いわゆる地域保護権)」とは異なり、また、一般企業におけるそれ(商標・称号の利用権や自社商品の販売権など)とも異なり、必ずしも興行権・営業権やその他の経済的権利と結びつくものではない。サッカーの試合がしばしば「ホーム・アンド・アウェー方式」で行われるといわれるのも、この「ホームタウン制」が基礎になっている。つまり、同じ組み合わせの試合が二回行われ、その一回は一方クラブの「ホームタウン」で、もう一回は相手クラブの「ホームタウン」で(その場合、「オラがチーム」はアウェーになる）開催されるのである。そのことにより、クラブ同士の不公平をなくし、互いに一度は「ホームタウン」で同じ組み合わせの試合を行うことができるようにしている。但し、スタジアムでは「アウェー」クラブの応援席も設置され（各スタジアムでは「ホーム」クラブよりもかなり狭いスペースではあるが）、一応、対戦クラブへの敬意も払われるが、サポーター同士の衝突という危険回避のために、その応援席の分離は厳密に区画されている（これに対して、プロ野球の場合、通常、フランチャイズ以外のチームのことを「ビジター」という呼び方をし、ホーム・チームの興行権の下での試合の「客」という扱いがなされている。そのために、球場でのビジター応援席にもホーム・チームの応援客が紛れていることが多く、一応区画はなされているが、しばしば優勝がかかった試合や日本シリーズなどではファン同士の衝突もある。なお、サッカーの場合はファンをサポーターと呼んでクラブを支える人たちとのイメージでとらえられているが、野球ではファンとしてチームのごひいきすじとの扱いになっている）。

「ホームタウン制」による地域の持続的発展

ヨーロッパ・サッカーの「ホームタウン制」は、クラブがその地域社会と密着して活動しているという意味で用いられる（日本のJリーグもそれをモデルに、「クラブと地域社会が一体となって実現する、スポーツが生活に溶け込み、人々が心身の健康と生活の楽しみを享受することができる町」と「ホームタウン」を定義づけている）。ＣＳＲと関連づければ、これは、株式会社としてのクラブがサッカーというスポーツを「ホームタウン」に提供することで、地域社会の持続的発展に貢献する活動を行うという側面が強調されることになる。同時に、企業は、株主あるいはスポンサーとして、そのようなクラブに投資することで、やはり地域社会の発展に貢献する活動を展開しているのである（この点で、特にドイツのブンデス・リーガでは、多くの場合、地元企業が地元クラブの株主やスポンサーになる傾向が強いのは、連邦制というドイツの国家体制と無関係とはいえないのかもしれない）。その意味で、サッカーは、グローバルなスポーツであると同時に、地域社会と強く結びついた地域密着型の活動としての特徴も併せ持つことになる。

2　ＥＵ市民法から見た地域密着型の問題

「ホームタウン」での開催の義務づけ

ヨーロッパ・サッカー（これはヨーロッパだけではなく世界的な規模でのものでもあるが）の特徴をなすこの「ホームタウン」制は、地域社会の持続的発展への貢献という観点から、クラブの試合がその大部分を「ホームタウン」で開催するよう義務づけている。クラブは、その結果、リーグ戦開幕前のオープン試合やＵＥＦＡ主催のカップ戦で試合会場を指定されている場合などの例外を除いては、その興行を「ホームタウン」において開催しなければならない。プロ・サッカーの場合、まさに商品としての興行を「ホームタウン」で行わなければならないのである。そして、ＵＥＦＡによって規定されるこの「ホームタウン制」が、一つの地域に一つのクラブを原則とすることから、実はここにＥＵ市民法から見た場合の一つの重大な問題が提起されることになる。

サッカーの経済的側面からの問題

プロ・サッカーの「ホームタウン制」は、確かに経済的権利と直接リンクするものではないとしても、地域密着型で展開される結果、「ホームタウン」でのサッカーの興行という経済活動を一つのクラブに独占させることになる。同時に、当該地域において一つのクラブという形で、その地域の市場を占有させることにもなる。ここに、ＥＵ域内では、欧州連合運営条約第七編第一章の「競争に関する法規」の一〇一条一項の「競争阻害行為」の禁止、一〇二条の「支配的地位の濫用」の禁止が問題とされる。すなわち、競争制限的な「ホームタウン制」を各国リーグやクラブに課すＵＥＦＡのルールは、ＥＵ域内市場の競争を妨害・制限・歪曲する行為になるのではないか、クラブによる興行のある種の地域独占権はＥＵ域内市場の主要な部分における支配的地位の濫用に当たるのではないかという、ＥＵ市民法上の問題が提起されるのであった。ここでも選手の移籍規制の場合と同じように、クラブや各国リーグの行為ではなく、各国リーグ・クラブによる一定の行為を義務づけるＵＥＦＡのルールがＥＵ競争法上問題として取り上げられることになる。

ＥＵ競争法に服するプロ・サッカー

プロ・サッカーが営利を追求する一つの経済活動である限り、それは、当然にＥＵの経済的規律に関する市民法に服する。そのために、プロ・サッカーの経済的側面に焦点をあてれば、通常の企業活動と同じく、自由かつ公正な競争秩序の維持のためのＥＵおよび加盟各国の競争法の下に服することはいうまでもない。ただ、ＥＵ競争法は、アメリカの競争法のように、自由競争が経済的発展へと導くということを直接的な目的にするものではなく、直接的目的をＥＵ域内市場の統合からＥＵ域内の経済的発展へと導く点に置いている。すなわち、ＥＵ競争法は、単に競争制限的行為の排除から自由競争を維持しようとするだけでなく、ＥＵ域内市場の形成を進める手段として、その形成を阻害する行為の排除もまたそこでの主要目的となり、そのために、加盟国内の市場をＥＵ全域へと拡大するための自由な流通の確保を目的として、ＥＵ競争法は、欧州委員会にその直接執行の権限を付与している（欧州連合運営条約一〇五条）。ただ近年は、加盟各国の競争監視当局（日本での公正取引委員会）や裁判所も執行権限を分有することになり、ＵＥＦＡのルールといったＥＵ全域にわたる問題は、欧州委員会で、ＵＥＦＡのルールに基づく加盟各国リーグ内の問題は当該国家の競争当局で処理されることになる。

3 「ホームタウン制」は反競争的政策か？

「ホームタウン制」の競争法違反の可能性

問題は、プロ・サッカー・リーグとして展開されているヨーロッパ・サッカーにおける、一つの地域において一つのクラブのみ試合の開催を認める「ホームタウン制」は、EU競争法の下での反競争的ルール・政策になるのかという点にある。確かに、一つの「ホームタウン」において複数のクラブの存在を認めない点で、新規参入の排除と既存の認定クラブの市場に対する支配的地位が確認できる。そして、UEFAのルールに従わないようなリーグの加盟を認めない点で、競争阻害的要因もこのルールには含まれることが認定される。その点だけをとらえれば、「ホームタウン制」を規定するUEFAのルールや、それに基づいて運営されるEU加盟各国のリーグおよび「ホームタウン」にある認定クラブは、EU競争法に違反するものになってしまう。また、プロ・リーグだけではなく、アマチュア・リーグであっても、その存続を維持するために加盟国が補助金の形で特定のサッカー・リーグあるいはクラブの援助を行えば、他のスポーツやクラブ、文化的活動に対する反競争的政策としてとらえられる可能性も浮上する。というのも、すでにこれも述べたところではあるが、EUでは、加盟国あるいは加盟国の州・地方公共団体の公的資金を利用した補助金政策も、それが反競争的意味合いを持つ場合には競争法の規制に服するからである。

一つの「ホームタウン」に複数のクラブ？

しかし、「ホームタウン制」は、前述の通り、地域社会の持続的発展に貢献する活動としての側面も併せ持っている。一つの「ホームタウン」で複数のクラブの共存を認め、互いに競わせることで、本当にＥＵという欧州全体の持続的発展の基礎になる地域社会の発展を見込めるのかどうかもここでは同時に検討しなければならない。一つの「ホームタウン」に複数のクラブの存在を認めれば、サポーター同士のいがみ合いを引き起こし、その地域社会の分裂を惹起しないか、あるいは試合の勝敗結果によって強い特定クラブのみにサポーターがつくことで他のクラブの存続を維持できないことにならないか、あるいは共倒れを惹起して当該地域からサッカーというスポーツが消えてしまわないか、などの様々な問題が提起され、議論されることになる。

複数のプロ・スポーツの存在

また同時に、プロ・スポーツはサッカーに限定にされるわけではなく、欧州では他の競技スポーツもプロ化されており（この点はＥＵ加盟国すべてに共通しているわけではないが、サッカー以外にもホッケーやバスケットボール、バレーボールあるいはクリケットやラグビーなどもプロ化されている）、スポーツをサッカーやラグビー、バスケットボールといった種目別にとらえることなく、スポーツ興行という広い視点で見れば、競争相手は存在するということも一つの考慮要素となり得る。

サッカーの持つ独自性

ただ、ヨーロッパにおけるサッカーというスポーツの占める地位に鑑みれば、この点は、あまり重視されていないようである。むしろ、サッカーというヨーロッパに共通の文化的公共財にEU市民およびEUそのものの統合を促進する触媒としての役割を期待するEU当局からすれば、EU域内でのサッカーの衰退を惹起するような政策の展開には消極的にならざるを得ず、競争法の適用によってそのような方向へとかじを切ることには躊躇を覚えることになる。そのために、経済的側面だけではなく、サッカーの持つもう一つの特徴、すなわち公共性の側面からの独自性の検討が必要とされる。そこには、ヨーロッパ社会におけるサッカーというスポーツの特殊性が潜んでいる。

4　サッカーに固有のルールとしての「ホームタウン制」

基本権主体としてのUEFA

欧州に共通の文化的公共財として、サッカーというスポーツの持続的発展を維持し、その公共的活動を広く普及させる目的で設置されたUEFAは、EUの組織法的視点で見れば一つの私的団体である。その点で、UEFAは、一つの正当な目的の下に結成された団体として、EUに対して結社の自由を主張し得る基本権主体としての地位を有する（ヨーロッパ人権条約一一条およびEU基本権憲章一二条）。EUは、その競争法を執行しなければならないと同時に、ＥＵの機関そのものは基本権を侵害する行為を禁止されている。したがって、もしＵＥＦＡのルールが結社としての団体固有のものであるとすれば、その否定は、団体としてのＵＥＦＡの存立を脅かす結社の自由の侵害行為になる可能性も否定できない。すなわち、スポーツ固有法としての団体の自律権の内容になる領域への違法な介入行為、侵害とされるのである。

結社の自由による団体の自律権の保障

結社の自由は、団体に、いわば当該団体の存立にとって必要不可欠な核心的決定の自由を保障する。これは、一般に団体の内部自律権とも呼ばれ、団体は、国家そしてＥＵのような公権力主体に対して、独自の組織、意思決定手続、業務の遂行についての自己決定権を主張し得るのである。というのも、団体は、その存立が公権力主体によって脅かされるならば、また、その団体そのものの存立に干渉されるならば、そこには結社の自由の保障の意味が失われてしまうことになるからである。そして、その内部自律権の行使の結果としての団体による核心的決定は、通常の場合、当該団体の基本的決定として規則・規程等の一定のルールの形式で表示される。

固有のルールとしての競技・組織ルール

スポーツ団体が定めるルールでは、多くの場合、当該スポーツの競技ルールは固有のものとして国家等の公権力主体の干渉から免れる。サッカーの場合、例えば、オフサイドや相手を故意に倒すなどの反則行為とともに、キーパー以外の出場選手は肩から先の腕を使用するプレーをしてはならないとか、ペナルティーエリア内での反則の場合、相手チームにペナルティーキック（ＰＫ）の機会が与えられるなどがサッカーというスポーツの競技ルールとして公権力主体による干渉から免れるものになる（というのも、その内容の良し悪しは一般的な法的ルールを適用して判定できないから。例えば、腕を使えないことが人間の本来的行為作用に対する不当な規制と法律を適用し得ないなどがその主な理由）。もちろん、当該競技ルールであっても、公序良俗に反するようなもの（競争法違反もその内容を形成する）である場合には無効になるが、その判定は、当該団体の存立目的や競技の公正さの確保という観点からの社会的許容性に基づいて行われる。「ホームタウン制」そのものは、サッカーというスポーツの競技ルールとしてのスポーツ固有法でないことはいうまでもない。そのために、ここでは「ホームタウン制」というルールが、果たしてサッカーに固有の、ＵＥＦＡの存立目的から正当な組織ルールとして、ＥＵの干渉を受けないものといえるのか否かの判断が求められるのである。

サッカー文化の隆盛と「ホームタウン制」

この点で、確かに「ホームタウン制」は、競争制限的要因を孕んではいるものの、文化的公共財としてのサッカーというスポーツの持続的発展可能性のためには必要なルールということができる。その否定は、まさに一定の地域でのサッカー文化の衰退を惹起させてしまう可能性を秘めている。確かに、自由な競争の実現によるＥＵ域内の経済的発展の重要性は否定できないが、サッカーというスポーツのある意味での消費者の利益、すなわち、サポーターやサッカーというスポーツを愛する市民の利益を考慮すれば、「ホームタウン制」は、サッカーというスポーツ、あるいは競技スポーツ一般に固有のルールであって、その維持は、欧州統合の触媒としての文化的公共財となるサッカーの重要性に鑑みて、もはや否定できないものになっている。サッカーに限られるわけではないが、競技スポーツにおける構想は、まさに当該競技の中にこそ、その競争が存在しているといえるのではないだろうか（そのために試合結果の不確実性が要請され、試合をするまでもなく結果が明らかとなるようなクラブの存在は否定されるが、一般論として一地域に複数のクラブチームを併存させ、それを存続させ続けることの困難さを考えれば「ホームタウン制」は競技スポーツにとっての固有法といえるのではないか）。このスポーツ競技の結果の不確実性を維持するために特定の強豪クラブを創らないというのは、そしてそのための手段としての「ホームタウン制」というのは、スポーツそのものの内容を形成するといえるであろう。

第一二章　ＥＵの価値観の実現に向けて

1　欧州共通の文化的公共財

サッカーによる欧州統合

ヨーロッパ・サッカーにおける選手に対するガバナンスは、サッカー協会ではなくクラブ・チームにあるという一つの特徴はすでにみた通りである（この点、ＥＵ域内におけるＥＵ市民の住民登録等、その人的管理は加盟国の各地方公共団体で行われているのと似たような仕組みになっている）。それは、まさにヨーロッパ・サッカーがプロ・スポーツとして展開されている点に理由が存している。その結果として、サッカーそのものが経済活動としてＥＵの規律対象となることもすでにみた通りである。ただ、それとは別に、サッカーという事象が、ヨーロッパに共通の文化的公共財としての特質も持ち、ヨーロッパ統合に一役買っているという側面があることも否定できない。そして、その観点からみれば、サッカーは、経済活動としてのＥＵによる規律とは別の、まさにＥＵと同じく一定の理念に基づきヨーロッパ統合を目指すという役割を果たす事象にもなるのである。

ヨーロッパにおけるサッカーの特殊性からの注意点

欧州連合運営条約一六五条一項二文は、次のように規定する。「連合は、スポーツの特性、任意の活動に依拠するその構造、その社会的・教育的機能を考慮しつつ、ヨーロッパのスポーツに関連する課題の促進に寄与する」。この規定をうけて、欧州サッカー連盟（ＵＥＦＡ）は、スポーツ、特にサッカーがＥＵ市民にとって非常に重要な事象であり、そのヨーロッパ全体を内包する構造の故に、ヨーロッパという社会全体に大きな利益をもたらすことを認識し、ＥＵと共に、そしてＥＵの支援を受けてヨーロッパ統合に貢献する活動を展開する意見を表明する（これについてはＵＥＦＡの欧州連合運営条約一六五条に関するコメントのホームページを参照）。そこでは、スポーツ、特にサッカーを、その特殊性（いわゆる文化的公共財としての特性）を考慮することなく他の「ビジネス」と同じようにＥＵ法の下で「経済性」ばかりを強調して取り扱われることがないよう、欧州委員会や欧州議会に注意を促しているのであった。

サッカーとヨーロッパ統合の根底にある理念・価値観

いうまでもなく、オリンピックと同様に、サッカーというスポーツが、まさにそれを通じて世界平和の実現をめざすという目的を持つことも既にみた通りである。その点で、ＵＥＦＡは、ＥＵと共にヨーロッパの平和実現という最も重要な理念の実現に寄与している。しかし、ヨーロッパ統合という大きな目標の中で、ＵＥＦＡは、それだけにとどまらない文化的公共財としての役割も果たすことになる。本項は、特にＵＥＦＡの活動を通じて、それがどのようにＥＵの理念・価値観実現に向けて、文化的公共財としてのサッカーという事象からヨーロッパ統合の根底にある理念・価値観をＥＵと共に具体化しようとしているのかの一例を示すことで、プロ・サッカーが、単に一つの、そして巨大なビジネスとしてのみヨーロッパで存在し続けているわけではないことを提示して、まとめとしたい。

2　ＥＵの価値観としての人権尊重

基本権に基礎づけられたＥＵのシステム

本書においてすでに何度か指摘したように、欧州連合条約二条は、「人間の尊厳に対する敬意、自由、民主主義、平等、法の支配、マイノリティの権利を含む人権の尊重という価値観」を表明し、その価値観がＥＵの「加盟国に共通する」ものであることを規定する。また、同条約三条一項は、この二条で規定されるＥＵの価値観や平和、加盟国市民の福祉を促進することをＥＵの目標とする。このＥＵの価値観としての人権の尊重は、まさに欧州連合条約六条一項によるＥＵ基本権憲章の承認と同条約との同価値性（ＥＵ基本権憲章が基本条約としてＥＵの法秩序において最高法規としての規範力を有すること)、同条二項によるＥＵのヨーロッパ人権条約への加盟、そして、同条三項で同条約により保障される基本権と加盟国に共通する憲法的伝統に由来する基本権をＥＵの法の一般原則とすることで実定化され、そして、そのことによってＥＵの諸機関および加盟国は、人権・基本権に基礎づけられたシステムへと変化していくことになったのである。まさにこれは、ヨーロッパで生み出され、発展してきた近代の立憲主義の具体的形態となっているといえるのである。

人権・基本権の一つとしての結社の自由

ＥＵそれ自体は、人権・基本権保障に定礎する超国家的連合体として、欧州域内での「人間の尊厳」を構成原理とする価値観の実現を目標とする。同時に、諸個人による一定の目的を持つ団体結成、すなわち結社の自由を保障することで、例えば、ＵＥＦＡや加盟各国サッカー協会、加盟各国のサッカー・リーグ、クラブといった私的団体の設立が保障される。そして、この結社の自由の保障が私的団体の内部的自律権の保障を含み、団体の設立目的との関係での団体自身による上部機関とその下部組織、団体構成メンバーを含む内部規律の制定・執行を認めることになるのは、すでにみた通りである。

法秩序の下での個人・団体・国家という三極構造のとらえ方

ＵＥＦＡは、ヨーロッパに共通の文化的公共財としてのサッカーというスポーツの持続的発展を維持し、その公共的活動を広く普及させる目的で設置された私的団体として、サッカーという事象をヨーロッパ統合の触媒として機能させるという側面を持つ。ただ、EUおよび加盟国における結社の自由は、人間の精神的活動の一環（同じ意見を有する諸個人が自分たちの持つ意見の社会での普及を促進するために団体を結成することの保障）としての位置づけもさすることながら、むしろ設立される結社の団体としての特性そのものに着目して保障される自由と解されている（この点で、EU基本権憲章もヨーロッパ人権条約も、日本国憲法二一条一項とは異なり、結社の自由を精神的自由としての一般的な表現の自由としての意見表明の自由とは区別して保障している）。そのために、EU域内での法秩序は、個人・団体・国家（EU諸機関）という三極（あるいは個人・団体・国家・EUという四極）構造で構成されるとのとらえ方が主流になり、EUは、自身の機関や加盟国の行為だけでなく、団体ならびに諸個人の行為に対しても、一定の範囲で、直接、法の一般原則としての基本権の効力を及ぼすことになるのであった（この点、例えばUEFAの選手移籍ルールによる国籍による差別、労働者の移動の自由という基本的自由の侵害の認定が欧州司法裁判所で行われていることはすでにみた通りである）。

3　サッカーでの差別的行為の根絶

団体にも求められる人権・基本権の尊重

人権・基本権の尊重に関していえば、ＥＵ域内で設立された諸団体も、ＥＵの加盟国に共通する価値観の担い手としての役割を一定の範囲で負うことになる。民間企業によるＣＳＲのような形での社会貢献もその一例ということができる。ただ、それがＵＥＦＡのような文化的公共財としてのサッカーを統括する団体になれば、その役割はより一層大きく、一般的な企業・団体とは異なる形での人権・基本権の尊重という価値観の実現への貢献が求められる。

サッカー団体による差別的行為の根絶活動

その一つの重要な実例が、ＵＥＦＡだけでなく、国際サッカー連盟（ＦＩＦＡ）や各国リーグ・クラブが取り組んでいる差別的行為の根絶活動になる。すなわち、その活動のための規律は、団体の内部的自治の形式であるとはいえ、試合に出場する選手（あるいはベンチ入りする選手）だけではなく、試合をスタジアムで観戦するサポーター・ファンの行為に対しても厳格に適用され、直接に制裁の賦課という形式で実施される。

ヨーロッパ・サッカーにおける多人種化・多民族化

ヨーロッパの各国リーグでは、一九七〇年代からアフリカ出身の選手が増加し、また、ヨーロッパ・サッカーの隆盛による南米やアジア諸国出身の選手の欧州進出から、特にＥＵ加盟国の各リーグの多人種化・多民族化が進行していった。それは、もちろんヨーロッパ・サッカーの経済活動としての繁栄を映し出すものではあるが、他方で、多人種化・多民族化がもたらす負の側面として、選手だけでなく、スタジアムで観戦するサポーター・ファンによる相手クラブの選手に対するところない人種・民族差別が頻発するようになる。そして、その際の常套手段として使われるのが、「お前はサルだ」という意味で、スタンドからピッチへバナナを投げ入れる行為である（これは、白人による南米やアフリカ・アジア系の有色人種の選手に対する侮辱的・差別的行為ととらえられている）。

侮辱的・差別的行為の例

二〇一四年四月、スペインの有力クラブに所属するブラジル人選手がコーナーキックを蹴ろうとした際に、サポーターがスタンドから当該選手の足下に向かってバナナを投げ入れるという行為があった。この事件では、選手がバナナを拾って食べた後、何事もなかったかのようにボールを蹴ったことからユーモアを交えた行為として報道されたが、他方で、クラブは、バナナを投げ入れたサポーターに対して、南米出身の選手に対する侮辱的・差別的行為を行ったとして、スタジアムへの永久立入禁止処分を科した（同じような例として、日本でも二〇一四年八月にサポーターによる相手クラブの外国人選手へのバナナを振りかざした挑発行為が問題とされ、当該サポーターの行為は差別的行為に当たり、スタジアムへの無期限立入禁止処分が科せられると同時に、Ｊリーグよりクラブに対する譴《けん》責処分が行われた）。

「人間の尊厳」という価値の実現のために必要な確固たる措置

これは、文化的公共財としてのサッカーという事象における人間の尊厳に対する敬意や人種差別の廃絶の実現をめざすクラブ、あるいはその上部団体であるサッカー・リーグの断固たる措置であり、まさにＥＵの価値観を、サッカー・スタジアムにおいて実現することでヨーロッパ市民社会へと広めていく効果をもたらすものとの判断が、その根底にあるということができる。すなわち、サッカーそのものがヨーロッパにおける文化的公共財であるからこそ、スタジアムは社会につながっているとの立場で、ＥＵの価値観である「人間の尊厳に対する敬意」、「差別の禁止」というメッセージをヨーロッパの市民社会に発信する契機として、ＵＥＦＡをはじめとするサッカーの諸団体は、個人に対する断固たる措置によって当該価値観の実現に寄与しようとしているのであった。

4 多民族・多人種・多言語のEU

文化・宗教・言語の多様性の尊重

EU基本権憲章二二条は、EUに文化・宗教・言語の多様性を尊重するよう義務づける。これは、同憲章二一条の人種・民族・言語等による差別の禁止を超えて、加盟各国におけるそれらの多様性確保のために、EUあるいは加盟国による妨害行為の排除を求めることになる。EUは、そもそも様々な言語(二〇二一年現在、その公用語は二三言語)、様々な民族・人種、様々な文化・宗教をその内に内包する超国家的連合体である。いわゆる差別的行為や侮辱的行為は、EU市民の人間の尊厳を傷つけるだけでなく、「多様性における統一」というヨーロッパ統合のEUの理念をも否定することになる。もちろん、サッカーというスポーツ文化も多様なものの一つではある。サッカーというスポーツだけがヨーロッパの中で優位性を持つような措置が取られることは、文化の多様性との観点で好ましいこととは必ずしもいえない。その点で、たとえEUがヨーロッパ統合のモデルとして、また、ヨーロッパ統合の触媒としてサッカーというスポーツを利用するとしても、それは、EUの根底にある理念実現のための一つの手段にすぎないことを忘れてはならない。

私的団体であるからこそ……

このようなＥＵの価値観やヨーロッパ統合の理念に反する行為は、国家や公的機関によって行われるだけではない。むしろ、差別や侮辱的行為は、個人の感情に由来する場合が多い。それを個人の活動であるとして放置しておくことが果たして許されるのかという問題は、ＥＵの基本権論においても難解な問題を提起する。ＥＵや加盟国が個人の活動を規制すれば、当該個人の表現の自由（あるいはより一般的な思想・行為の自由）の保障との関係で問題が提起される。しかし、ＵＥＦＡのような私的団体は、その団体の設立目的との関係での内部規律として、ＥＵの価値観や「多様性における統一」という理念の実現に向けた活動を展開することができる。そして、それがまさに、私的団体によるものであるからこそ、ＥＵや加盟各国がその内部規律を（サポーターの自由侵害を理由にして）規制しようとすれば、そこに結社の自由の観点からの妨害排除が導き出せることになるのであり、大きな理念実現のための私的団体の行為は、内部的自律権の行使以上の意味を持つことになる。なお最後に、日本では、バナナ事件だけでなく、二〇一四年三月、サポーターによる「JAPANESE ONLY（日本人以外お断り）」と書かれた横断幕を広げての挑発行為もあり、Ｊリーグはそれを差別的行為にあたるとして、横断幕を放置したクラブにホームでの試合を無観客試合にする決定を行った。ヨーロッパでのＵＥＦＡやサッカー・リーグの活動は、公益法人としてのスポーツ団体の規制権限と共に、日本でも近年話題にのぼっているヘイト・スピーチの問題を考える素材となり得ることを付記しておく。

5　近代の主権・国民国家を超えて

新たな統治形態としてのＥＵ

サッカーを統括するＵＥＦＡを例にしてこれまで見てきた通り、ＥＵは、どちらかというと、近代の主権・国民国家というよりも、それを構成母体として統合する一つの国家の枠組みを超えた統治形態・組織といえる。独自の領土、独自の国民を有することなく、しかし、加盟国および加盟国国民に対しては一定の公権力を行使することでヨーロッパ域内の秩序を維持・形成していこうとしている。私たちが当然のものとして念頭に置いている近代の主権・国民国家という形態ではないがゆえに、ＥＵというものの存在はなかなか理解しにくいという側面がある。同時にそれは、非常に緩やかな協力体制で世界を一つに結びつけようとする国際連合のような国際的機関でないというのも、ＥＵという存在がこれまでにない新たな統治組織の形態であることの証なのかもしれない。

ＥＵの揺らぎ

ＥＵの存在の理解が困難なのは、私たち非ＥＵ市民だけでなく、当事者たるＥＵ市民でも同じなのかもしれない。近年のヨーロッパ、特にＥＵ加盟国では、自国あるいは自国民の利益を強調することで、ＥＵの存在に対して否定的な考えが登場し、あくまでも近代の主権・国民国家の枠組みで物事を考え、処理しようとする傾向が生み出され、ポピュリズムの蔓延を契機にしてナショナリズムを煽る状況がみられるようになっている。英国のＥＵ離脱というのがその一つの例になるが、テロ、移民、労働機会、雇用環境、経済動向などを主権・国民国家の利益という観点で、その主権を一定の範囲で制限（というよりも加盟国間で共有）する超国家的連合体としてのＥＵの不要論まで唱えられる傾向もみられる。その意味で、ヨーロッパ統合への試みが始まって六五年以上が経過して、その試みの揺らぎがヨーロッパの中で生じている。

Brexitも結局は近代の枠組みから抜け出せない先祖返り

政治的な観点からのその揺らぎの典型は、二〇一六年六月二三日の国民投票で始まった英国のＥＵからの離脱決定である。確かに、欧州連合条約五〇条は、加盟国のＥＵからの脱退手続を規定している。脱退決定した英国は、欧州理事会に対してＥＵからの脱退の意思の通知を行い、ＥＵが英国との将来的な関係の枠組みを考慮しつつ、二年以内に脱退に関する協定を締結しなければならない（同条約五〇条二項および三項）。英国の離脱決定に至った背景には、近代の主権・国民国家としての枠組みへの、言い換えると自国の全能の主権を維持し、外部から影響力を及ぼされない独立国家としての存在の回復を目指そうとする市民の感情、それを利用する政治的勢力の存在があることが確認できる。そこには、新たな統治形態・組織への試みに参加するのはやめて、元々の国家に戻ろうとする市民感情が色濃く表れているということができる（なお、英国では、一九七三年一月一日のＥＣへの加盟から二年後の一九七五年六月五日に、「英国は欧州経済共同体（共通市場）に留まるべきと考えるか」という問題に賛成か反対かを有権者に問う国民投票が行われたが、その際は、投票総数の約三分の二がＥＣ残留に賛成していたという歴史があり、二〇一六年の国民投票での離脱賛成派の五一・八九％の投票との比較において、約四〇年で国民の考え方が大きく変化しているということができる。そして、二〇二〇年一月三一日、紆余曲折を経て英国とＥＵの間での協議がまとまり、英国はＥＵから離脱し、二〇二〇年一二月三一日、移行期間を終了して両者の新たな関係が始まっている）。

ＥＵの存在そのものも近代の主権・国民国家のためのもの

しかし、実はＥＵという組織は、加盟国を母体に設置されていることから、また、欧州憲法条約の挫折により連邦国家化が否定されたことからも分かる通り、決して近代の主権・国民国家の存在を否定するものではなく、グローバル化する現代社会での個別の主権・国民国家によっては対処しきれない問題を処理するために存在している新たな統治形態・組織ということができる。英国は、ＥＵの東欧諸国への拡大による移民の流入を嫌う国民感情と、ＥＵでの発言力の低下、ＥＵに留まることで生じる負担を懸念する（それは、本来全能の主権を持っていたはずのウエストミンスターにある議会ではなくブリュッセルの決定に服することや、市民の権利保護にコモンローという形式で寄与していた本国裁判所ではなくルクセンブルクの欧州司法裁判所の文書化されたＥＵ法解釈に紛争解決が委ねられていることに対する不満に示されることになる）。確かに従来の枠組みとは異なる統治形態・組織であるがゆえに、英国にみられる懸念は否定できない。ただ、プレミア・リーグで活躍するのがイングランドではなく他国出身の選手が多いということ、さらにそのために、プレミア・リーグの下にあるサッカーの母国としてのイングランドのＵＥＦＡランキングが低下しているという理由から、イングランド・サッカー協会はＵＥＦＡからの離脱を各クラブの意向調査に基づいて決定するだろうか。ヨーロッパは、元々多民族・多人種・多宗教の社会である。そして、それを無視して形成された近代の主権・国民国家をまとめ上げて、一定の領域で一つの社会を形成・維持し、そこからみんなが平和的に共存できるようにしようとするのがヨーロッパ統合という試みになる。

平和共存・繁栄のために

ＥＵは、それ自体が国家と同じように一定の実体（独自の領土と国民）を持つ物理的な存在ではない。基本的には欧州連合条約および欧州連合運営条約、ＥＵ基本権憲章という基本条約を根拠に制定されるＥＵ法をベースに行使される統治権の主体、言い換えれば統治権の内容を規定する規範複合体として存在しているにすぎない。そして、ヨーロッパ統合を目指して出発して以来、約六五年の間、ヨーロッパには戦争が起こっていない。その意味では、ヨーロッパにおける近代の主権・国民国家の平和共存は、ここまでの段階で達成されているということができる。ＥＵが〈国家ではない未来の形〉を示す政治・法・思想の実験（中村民雄『ＥＵとは何か』四頁）であるとすれば、また、オリンピック委員会やＵＥＦＡといったスポーツ団体と同じように、平和共存の実現を目標にするものである限り、これからもそのような新たな統治形態・組織の在り方を否定するのではなく、実験と改革を繰り返しながらでも存続させることの方が、近代の主権・国民国家にとっても有意義ではないだろうか。特に、ＥＵがモデルとして考えるＵＥＦＡは様々な試みによってヨーロッパ・サッカーを現在の繁栄へと導いていることからも、ＥＵという新たな統治形態・組織の実験も、その母体である加盟各国、すなわち近代の主権・国民国家の繁栄へと導くことができる仕組みではないのかと考えることができるように思えるのである。

エピローグ　Brexit とEUの今後

1　コロナ禍のヨーロッパ・サッカーの中で

サッカーのない日々は日常の喪失

日本でも、そして世界中で同じような状況であったが、二〇二〇年春は、ヨーロッパでもコロナ禍の影響で、すっかりと日常生活が変わってしまったような様相になった。特にヨーロッパでは、都市のロックダウンが実施され、外出が規制され、買い物もままならず、サッカーだけではなくあらゆるスポーツがなくなってしまったのであった。例えば、ドイツでは、ブンデス・リーガが三月一三日に中断を発表し、状況が少し落ち着いてきた五月一六日に再開が発表されるまで（ドイツ・ブンデス・リーガがヨーロッパ・リーグの中では一番早く再開された）、人々はサッカーのない日々を過ごさなければならなかった。そのために、市民からすれば、サッカーのない日々は日常ではないといわれるようになり、自宅待機が命じられても味気ない日々になってしまい時間をどのように過ごすのかが議論されたようである。そのような状態は、ここまでサッカーという文化がいかに日常生活に浸透していたのかを実感できる日々だったと報道されているようである。これはドイツだけでなく、コロナ禍の中でEUを離脱した英国を含めて、ヨーロッパ全体の非日常におけるいわゆる日常といわれるように、サッカーというスポーツが、いかに強烈に日常生活に組み込まれているかを示す例となっている。まさに、サッカーの試合のない日々は日常生活の喪失のように感じられたということである。

事情はUEFAでも同じ

非日常的取扱いは、EU加盟各国リーグだけでなく、UEFA主催のチャンピオンズリーグでも同じであった。UEFAチャンピオンズリーグ二〇一九―二〇二〇も、グループリーグまでは例年通り二〇一九年中に行われたが、決勝トーナメントは、コロナ禍の影響でラウンド一六の途中で中断され、三月一一日から八月七日の再開まで約五カ月間中断された。さらに、準々決勝・準決勝は、通常ホーム・アンド・アウェー方式で行われるのが、延期された大会日程の関係で中立地での一発勝負に改められ実施されるという異例ずくめの実施となった。決勝戦も、当初予定より約一カ月半遅れの八月二三日、予定通りポルトガル・リスボンで実施され、ドイツ・ブンデス・リーガ代表のFCバイエルン（バイエルン・ミュンヘン）が、フランス・リーガアン代表のパリ・サンジェルマンに勝利して七年ぶり六回目の優勝を果たした（なお、FCバイエルンは、これも延期されていた中東カタールでのＦＩＦＡクラブワールドカップで二〇二一年二月一一日に優勝している)。さらに、ＵＥＦＡチャンピオンズリーグ二〇二〇―二〇二一も、コロナ禍の影響で、二〇二〇年八月および九月に予選三回戦までは抽選で決定されたいずれかのホームにて一発勝負で行うこととされ、これも実は六月開催予定だったものが延期されて実施されたのであった。その後、予定通りにグループリーグは二〇二〇年中にホーム・アンド・アウェー方式で実施されて、二〇二一年五月二九日にポルトガル・ポルトで決勝戦が行われ、今年度は、イングランド・プレミアリーグのチェルシーが優勝した。このように、少なくとも今年度までは通常とは異なる開催形式が一部で採用され、サッカーの非日常は続いたのであった。

サッカーが中止になる前に

西欧諸国、特にイタリアで始まった新型コロナウイルス感染症拡大によりほぼ西欧諸国での都市封鎖（ロックダウン）が実施される前の二〇二〇年一月三一日、ロンドンでもCOVID-19の猛威が吹き荒れる中、英国のＥＵ離脱が実施された。元々、二〇一六年六月二三日の国民投票に端を発するこの Brexit と呼ばれる事象は、後述のように国内での論争の後、二〇一七年三月二九日、当時の英国首相・テリーザ・メイ(Theresa Mary May）が、国民投票で決定した以上「Brexit は Brexit」として、欧州連合条約五〇条二項に基づき欧州理事会に離脱の通知を行ったことから、本来ならば同条約同条三項によって通知から二年後の二〇一九年三月二八日に実現するはずであった。ところが通知の後のＥＵと英国との離脱交渉がなかなかうまくいかず、延期に延期を重ねて、予想もしなかったコロナ禍の始まる最中に実現するという事態になったのであった。この間、英国では二度の議会選挙が行われ、首相もボリス・ジョンソン（Boris Johnson）に交代するなどの紆余曲折を経た英国のＥＵ離脱であった。

2　Brexit とはどのような事象？

法的には条約加盟国からの離脱

元来ＥＵとは、加盟国による条約によって、一定の目的を達成するために権限を付与して加盟国間に設立された公的機関である。言い換えれば、条約により加盟国間での一定の目的実現のためのネットワークを形成し、それをコントロールするための独立した機関を設置して条約で当該機関に権限を与えることによって存在する、公的権限を持った条約に基づくネットワークそれ自体を指しているのである。ただ、当該ネットワークを形成するための条約にはそれを解消する手続は規定されず、ネットワークから離脱する加盟国の権利だけが規定されていた。ネットワークからの離脱、すなわち条約締結国から離脱することだけが、加盟国の権利として認められていたのである。しかしそれは、条約締結当事者たる加盟国の権利であって、加盟国市民の権利ではない。そのために、条約への加盟も、条約からの脱退も、条約締結主体となる加盟国という主権・国民国家の決定がなければならず、欧州連合条約五〇条一項は、加盟国の「憲法上の要件に従って」離脱を決定するとされていた（条約加盟、すなわちＥＵへの加盟については、欧州連合条約四九条で加盟国すべての「憲法上の規定に従った批准」が必要とされている。したがって、新たな加盟国を迎える際には現在の加盟国すべての国家としての承認が必要とされているのである）。

国民投票は国家の決定か？

ＥＵの最高法規の一つとなる欧州連合条約は、いうまでもなく成文化された法的文書になる。それに対して、よく知られているが、英国は成文化された憲法典を持たず、歴史的伝統に基づき判例の積み重ねで形成される憲法習律（Constitutional Convention）により近代立憲主義を形成している。そのために、欧州連合条約五〇条一項で条約からの脱退のために必要とされる「憲法上の要件」とは何かが問題として提起された。二〇一五年の選挙の際に当時の首相デーヴィッド・キャメロン（David William Donald Cameron）が選挙公約として約束したＥＵからの離脱の可否に関する国民投票を実施するために、二〇一五年ＥＵ国民投票法（The European Union Referendum Act 2015）を制定し、それを根拠に二〇一六年の国民投票が行われたが、ＥＵ国民投票法は国民投票のための手続、有権者の範囲その他事務的手続のみを規定するだけで、結果に法的拘束力を認める規定はなかった。そのために、二〇一六年六月二三日の国民投票の結果が英国という国家の決定となるのか否かが問題とされることになる。この点につき、キャメロンも彼から首相を引き継いだメイも、国民投票の結果は英国国民の決定で、彼らの自己決定が僅差とはいえBrexitである以上、国家の決定としてそれ以外のプロセスは不要であり、英国政府（行政機関としての内閣）が民意に基づき離脱通知を欧州理事会に宣言することができると考えていた。

議会主権か、政府の外交大権か？

しかし、Brexitという英国国民の自己決定を履行するためにはEU法の効力を認める英国の国内法（それは英国がECに加盟する際に制定された一九七二年欧州共同体法を根拠にする）の制度を変更する必要に迫られる。そのために、英国国内の法秩序の変更を必要とする以上、その権限を持つのは政府ではなく議会ではないのかと考えられ、かつ、国家の主権は長年にわたって「議会主権」の原理として議会中心に国家運営がなされてきている以上、EU離脱の「憲法上の要件」としては国民投票結果ではなく、議会での決定が必要ではないかとされることになった。しかし、国民投票を実施したキャメロンも、彼を引き継いだメイも、民意の表明があれば議会の関与は必要ないとしていた。従来、英国の憲法習律では、特に条約締結等の外交権限は国王（現在では内閣が行使する）政府の大権事項（the Prerogative power of the Executive）であり、議会の関与なく行使できるといわれ、彼らは、欧州連合条約からの離脱はその典型例になると考えていた。これに対して、一六八九年の名誉革命以降、議会は人民の民意に拘束されるのではなく、議会で行われた決定を覆すことができるのは議会のみとする「議会主権（Parliamentary Sovereignty)」の原理も憲法習律としては存在しており、Brexit は民意を背景に直接「大権事項」として政府の判断だけで可能になる領域なのか、それともやはり名誉革命以降の近代「法の支配（the rule of law)」の原理の発現としての「議会主権」の原理に基づき議会の決定を経る必要があるのかが議論されたのであった。すなわち、男を女に代えること以外は何でもできるとの万能の主権を有する「議会主権」の原理を中心にする英国の憲法原理の下では直接民主主義的制度としてのレファレンダム（国民投票）も「議会主権」の原理に劣位する仕組みにすぎないとされ、但し、国家の決定としての民主主義的正当性は「議会主権」を通じた間接民主主義が原則に

ロンドン英国議会

なると考えられていたのであった。

英国最高裁判所の判断とその後の経過

二〇一七年一月一四日、英国最高裁判所は、この問題についての判断を下した。そこでは、従来の判例に照らして、条約交渉・締結・解除に関する政府の大権には、条約が英国を拘束するとしても、それ自体が直接英国の国内法としての効力を発生させるわけではなく、国内法上の権利義務を創造するわけではないという、国内法・国際法の二元論が前提になっている点からの限界が存在するとされた。そこから、条約の締結・廃止に関する外交上の大権を政府が行使し得るのは、少なくとも英国の国内法を変更しないというルールに反しない場合でなければならないとされ、議会による承認がない限り政府は欧州連合条約五〇条の権利を行使することはできないとされたのであった。というのも、英国は、一九七二年欧州共同体法（European Communities Act 1972）に基づきECに加盟し、また、この法律に基づき英国国民には国内法上直接EU法上の権利義務が付与・賦課されている以上、欧州連合条約五〇条の権限発動は、一九七二年法の無効の効果を生じさせるから、議会のみがそれを承認できるとされたのであった。この最高裁判決の後、二〇一七年三月一三日、英国議会庶民院は、Brexit法可決し、三月一六日、女王の同意を得て、三月二九日、メイ首相（名義上は英国政府）は、欧州理事会議長に対して、英国がEU（ならびに欧州原子力共同体も）から離脱する旨の通知を行ったのであった。

離脱の条件闘争（交渉）

離脱通知から二年後、欧州連合条約五〇条三項によれば、英国は二〇一九年三月二八日にはＥＵから自動的に脱退するはずであったが、離脱交渉は困難を極め、二〇一九年三月には延期が決定されたものの英国議会での離脱合意協定案に対する承認手続が進まず、二〇一九年七月メイ首相は辞任し、Brexit 強硬派のジョンソンが首相になった。ただそれでも、離脱協定がなかなか締結できず、「合意なき離脱」になるのではないかが世界中で懸念されていた。これは、英国がＥＵから離脱する際の条件闘争のようなもので、そうである以上、英国の側はできる限り自己に有利な条件で締結しようとし、ＥＵ側は、英国においしいとこ取りは許さないという姿勢で交渉が進められるから、なかなか両者の合意は得られないというのもやむを得ない状態であった。結局、二〇一九年一〇月に合意に至った内容は、英国全土がＥＵの単一市場から離脱するが、ＥＵ加盟国であるアイルランドと国境を接する北アイルランドのみに特別措置を講じ、北アイルランドからの物品についてはブリテン島との間で税関等のチェックポイントを設置する（事実上、北アイルランドはＥＵの関税同盟に残る形。ジョンソンは北アイルランドをＥＵに差し出したと批判された）。同時に、二〇二〇年一月末での離脱後も急激な変化を避けるため、二〇二〇年一二月末までは移行期間として英国にはＥＵ法が適用され続け、その間に将来のＥＵ・英国の関係を規律するルールを作成するとされた。この案は、二〇二〇年一月二三日、二〇二〇年欧州連合離脱協定法として英国議会で制定され、一月二九日、欧州議会での同意をうけて、一月三〇日に欧州理事会で離脱協定が批准されて一月三一日に英国はEUから正式に離脱したのであった。その後、移行期間中にもジョンソン首相が新型コロナウイルスに感染したことや、北アイルランドの特別措置を迂回するような法律の制定問題などが明るみに出て移行後の関係についての協議に問題が指摘されていたが、結局は、英国はEUとの自由貿易協定（FTA）を成立させ、EU非加盟国でありながらモノの貿易には関税がかからず、数量制限も課されない独自の立場を獲得したし、EUからの移民の無制限流入にも歯止めをかけることができた。ただ、最後まで懸案事項であった英国海域での漁業権については、EU側が今後五年半で英国海域での漁獲量を段階的に二五％削減することが決定され、英国側が大きく譲歩する形で決着がつき、二〇二〇年一二月三一日で移行期間は終了し、英国は完全にEUから離脱したのであった。

主権の回復により失ったものも大きい

Brexitの最大の目的は、経済規制をはじめとする様々な政策形成・決定において、近代立憲主義の母国として英国が確立してきた憲法習律としての議会主権ならびに判例法中心のコモンロー・システムをEUにより侵害されていることを排除して、自国の主権を回復することにあるとされていた。しかし、EUは、加盟国の主権を侵害する存在ではなく、加盟国がそれぞれの主権を共有する形で付与された権限を行使することで対外的な一体性を確保すると同時に大きな影響力を行使できるとするシステムである。それが一国で主権を行使しなければならないとすれば、たとえ大国の英国であってもＥＵを通じての影響力を失うことになる。さらに、ＥＵ加盟国ではなくなるから、ヨーロッパ大陸からのＥＵ市民の移住は制限できるが、他方で大陸への英国市民の移動には制限がかかることになる（元々シェンゲン協定に英国は加盟していなかったから非ＥＵ市民に対するＥＵ加盟国からの移動には税関検査が行われていたが、今後は英国市民も非ＥＵ市民としてＥＵ加盟国の入国には税関検査がある）。本書との関係でいえば、プレミアリーグに大陸のＥＵ市民（例えばスペイン人やドイツ人、フランス人、イタリア人選手）が移籍することは非ＥＵ市民と同じ取り扱いをする必要がある（就労ビザの取得が義務づけられる）し、プレミアリーグのイングランド人選手が大陸のプロリーグに移籍する場合も非ＥＵ市民として取り扱われるようになるということである。大陸から有力選手が来なくなる、有力なイングランド人選手が大陸の強豪チームに移籍しにくくなるという事態は、これまでにはあまり考えられなかったことといえるし、イングランドのプレミアリーグが戦力低下の可能性がある中で従来通りの繁栄を続けられるのかの問題も生じる可能性がある。

英国のエゴとナショナリズム

Brexitのもう一つの原因とされているのは、東欧諸国からの移民の増加に英国市民が反発したことにあるといわれている。しかし、通常、普通の市民は、お金の儲かる職場、地域に移住してよりよい生活を送りたいとの欲求を持っている。その意味でEU域内からの移民の増加は、英国が経済的に豊かな地域であったことの証であって、反発すべき事象ではないはずだった。例えば、日本では、山陰や東北の田舎にいるよりも東京に出た方が給料のいい職がある、多くのお金を稼ぐことができるという欲求に従って首都圏への人口の集中がおこっている（大阪を中心にする関西の大都市圏でも同じような欲求から若者が東京へと移動するという現象が起こっており、関西の地盤沈下が叫ばれている）。Brexitは、まさにそのような一般市民の欲求に従った人口移動（すなわち東欧諸国からの移民の増加）に反発する形で英国のEUからの離脱がおこった。その意味で、Brexitは、大陸のEU域内での一般市民の欲求に反発する出来事であったということができる。よそから人が入ってくるのが鬱陶しいとして、その地域連合から離脱するというのは、連合体を組織することの本来的目的を考慮に入れて是非を判断すべきなのに、人口流入に対する一方的な反発だけで議論をすべき問題はないはずであった。貧しい地域の人は貧しいままでよいのに、わざわざ豊かな地域にやってきて豊かな地域の人の仕事を奪うようなことはやめろというのは、豊かな地域のエゴでしかない。例えば、大陸からの有力選手が増えてプレミア・

リーグの試合にイングランド人選手が出場できなくなるから、イングランドサッカー協会はＵＥＦＡから脱退し、独立した形でプレミア・リーグを運営していくという考えと同じになる。「Brexit とは英国がＥＵから離脱することであり、ヨーロッパから離脱することではない」と叫んでジョンソン首相が議会選挙を戦ったことで、英国市民にある種の安心感を与えたといわれていた通り、Brexit は、ＥＵは憎いがヨーロッパの一員であることには誇りを持つという英国の変なナショナリズムの発現ということができる。

3　Brexit に触発された欧州懐疑主義

自国ファースト の欧州懐疑主義

Brexit はいわば英国の主権回復を叫んで英国市民の共感を得るという、一種の自国ファースト主義とでもいうような運動の現れである。それが、ある種の政治エリートたちによって形成されるブリュッセルの決定によって自国の運命を決められていることに対する英国市民の反発感情を英国の保守的政治家によってうまく利用されることで達成された。ＥＵは、前身のＥＣによるヨーロッパの経済統合を出発点とするために、専門的判断を必要とする政策形成が元々中心であったために、どうしてもエリート主義に陥ってしまうのであった（日本の最高裁判所も経済政策における規制に関する憲法判断では専門技術性を理由にその消極性を示す)。しかも、EUそれ自体の存立を支える基本条約(欧州連合条約、欧州連合運営条約、EU基本権憲章)は市民の合意によって締結されたものではなく、加盟国の政治的判断で締結されている。もちろん加盟国国内での批准という手続は必要とされているが、そこに通常の国内政治のような民主制原理は働いていない。そのために、加盟国市民はEUにおける民主制の赤字(Defizit der Demokratie(独語):deficit of democracy(英語))に不満を抱き、EUによる加盟国を無視したようなヨーロッパ統合へ向けた全体の利益のための政策形成に懐疑的になっていった。それが自国ファーストの欧州懐疑主義(Europaskepticism)となって英国だけではなく大陸の加盟国市民の間でも広がっていったのである。

加盟国の民主プロセスを利用したポピュリズム

この市民の間に広がる欧州懐疑主義を市民の感情に訴えかけて情緒的な決断を導き出そうとして加盟国国内の選挙という民主的プロセスを用いる手法が、ポピュリズムという形でヨーロッパ大陸、特にEU後進国の東欧諸国で広まっていく。このポピュリズムの進出は、二〇一七年のドイツ連邦議会選挙で「ドイツのための選択肢(AfD)」という極右政党の議席獲得といった事象が典型になり、西側諸国でも現れている(二〇一七年のフランス大統領選挙でのマリーヌ・ル・ペン(Marine Le Pen)の台頭も同じ)が、一九九〇年代の旧ソ連からの解放によって外見上リベラル・デモク

ハンガリー国民議会

ラシーに基づく立憲国家となったものの、民主主義という原理は理解しやすいが、個人の尊厳や自由を中心にする「法の支配」の原理を十分に理解せず、リベラルになりきる前にそれらの旧西側の原理を基本価値とするＥＵに加盟した東欧諸国、特にハンガリーやポーランドというビシュグラード四（Visegrád 4：ハンガリー、ポーランド、チェコ、スロバキアの四カ国で結成された各国の友好、協力関係ならびにヨーロッパ統合の進展を目的にしたＥＵ域内の連合体）と呼ばれる国・地域において特に顕著にみられる。その出発点が、二〇一〇年のハンガリーでのビクトル・オルバーン（Viktor Orbán）政権の誕生であり、そこでは、憲法改正での憲法裁判所の権限削減、国外ハンガリー人への国籍付与や移民に対する国境封鎖などのナショナリズム政策の推進である。

ポーランドの追随　ハンガリーに続き、ポーランドでも、二〇一五年の大統領および国内議会選挙において、ポーランド・ナショナリズムの旗頭である「法と正義（PiS）」が勝利し、アンジェイ・セバスティアン・ドゥダ（Andrzej Sebastian Duda）が大統領（かれは大統領就任後はPiSを脱党。大統領は一応形式的に政治的中立性が要請されるため）に、ベアタ・マリア・シドゥウォ（Beata Maria Szydło：彼女はPiSの副党首）が首相にそれぞれ就任した（二〇一七年からはPiS党員で経済学者のマテウシュ・ヤクプ・モラヴィエツキ（Mateusz Jakub Morawiecki）が首相）。この「法と正義」の政権発足後、ポーランドは権威主義的で反憲法的な政策（最高裁判所の裁判官の定年年齢引き下げ、裁判官の定員削減、メディア規制など）を展開し、それらの政策が「法の支配」の原理に反すると非難するEUと対立することになる。EUは、ポーランドに対して、欧州委員会とポーランドとの意見交換の上、行動是正措置を求めるが、ポーランド側は取り上げられたのはいずれも国内問題であり、EUとは関係がないとして是正に応じなかったため、EU側は欧州連合条約七条の制裁手続（理事会での投票権の停止）を発動しようとするが、欧州理事会による全会一致の決定ができず（ハンガリーの反対）、結局挫折することになる。ただその後、加盟国のEU法上の義務違反に対する欧州連合運営条約二五八条の義務違反手続を開始し、二〇一九年七月一一日、欧州司法裁判所は、ポーランドでの司法権に対する政府の介入行為は「法の支配」の原理の内容となる司法権の独立に違反し、欧州連合条約二条の基本価値に対する同条約四条三項の加盟国の誠実協力義務に違反するとの判断を下した。これに対して、ポーランド側は、ここで取り上げられた問題は裁判所の効率化を図るためのポーランドの国内問題であり、ＥＵレベルでの問題ではないと反論して是正措置をとることを拒んでいるが、この裁判所の判断に違反する場合には、一括違約金または強制課徴金が賦課される可能性がある（欧州連合運営条約二六〇条）。

ＬＧＢＴフリーゾーンと性的少数者に対する抑圧

ポーランドは、司法権の独立だけではなく、個人の基本権を侵害するような措置も大々的に行っている。それが、ポーランド南部の自治体で広まっている「ＬＧＢＴ（性的少数者）フリーゾーン」になる。そのような自治体は、「この街にＬＧＢＴはいません」との宣言を行い、ＬＧＢＴという特定の人たちを排除することが宣言され、多様性が否定され、差別や偏見が助長されている（現在この宣言を行っている自治体の総人口はポーランド国内の人口の三分の一にのぼるといわれている）。しかし、ポーランドは、規定内容が社会的な問題に関してリベラルな立場をとっているという懸念から、ＥＵ基本権憲章の適用除外（オプト・アウト）が認められているために、ＬＧＢＴフリーゾーンに対してＥＵ基本権の侵害を問題にすることはできない。ＥＵで問題にし得るとすれば、「平等」、「少数者に属する人々の権利」の尊重というＥＵの基本価値（欧州連合条約二条）違反になる。このポーランドの反人権的措置の背景には、ポーランドがＥＵの中で最も敬虔なカトリック国であるという宗教的伝統がある。そのために、二〇二〇年六月のポーランド大統領選挙では、ドゥダ大統領が「キリスト教に基づく伝統的な家族観を守るため」、教育機関でＬＧＢＴについて教えることを禁止する法案を実現すると宣言し、「ＬＧＢＴは共産主義よりも危険な西側のイデオロギーである」との意見を展開して僅差ではあったが再選を果たしている。これに関連して、同じくハンガリーでは、二〇二〇年一二月、オルバン政権下の議会が「母親は女性、父親は男性である」とする反ＬＧＢＴ的な憲法修正案を承認した。つまり、ハンガリーでも、カトリックの精神に則り、法律ではなく、ＥＵによって尊重される加盟国のナショナル・アイデンティティの内容となる憲法によってＬＧＢＴを排除しようとする規定を設けたのであった。欧州議会は、二〇二〇年一二月、ポーランドにおける「ＬＧＢＴフリーゾーン」の台頭を非難し、基本条約で述べられている基本価値としての非差別へのコミットメントを呼びかけた。

ＥＵからの対抗措置

ポーランドやハンガリーの反リベラルな政策に対して、ＥＵはどのように対抗できるのかが問題になる。もちろん、前述の制裁手続や義務違反手続を用いて是正措置を取らせることもできるが、制裁手続には欧州理事会での全会一致の決定が必要となることから、ビシュグラード四と呼ばれる友好国間で反対しあえばＥＵは権限を発動することができない。義務違反手続も、一括違約金または強制課徴金を賦課することで間接的に是正を促すことができたとしても直接ＥＵが是正措置を実施することはできない。そこで、ハンガリー政府は反発しているが、新型コロナ禍による被害からの復興対策に充てられる七五〇〇億ユーロ規模の臨時の特別予算である「次世代のＥＵ」と呼ばれる復興基金の配分に「法の支配」の原理の実施の程度を基準にするという案であった（「世界における自由」ランキングではＥＵ二七カ国のうち一八カ国が九〇点以上であるのに対して、ポーランドは八四点にとどまり、ハンガリーに至っては七〇点でＥＵ加盟国で最低）。この復興基金は、ＥＵの通常の中期予算である多年度財政枠組み（ＭＦＦ）とは別枠の特別予算であることからそのような基準が考案されたが、欧州理事会では意見がまとまっていない。特にこの復興基金には、「欧州グリーン・ディール」の一環として脱炭素化社会への移行を目指す上で、移行の影響を最も受ける加盟国や地域を支援する「公正な移行メカニズム」関連の予算も含まれているため、配分に際しては、石炭産業が依然として重要な地位を占めるポーランドでは気候変動対策に反対してポピュリズムが支持されている部分もあり、「欧州グリーン・ディール」をコロナ禍からの復興と同一次元で達成しようとするＥＵの政策展開に対しては、今後も予断を許さない状況が続いている。

4　リベラル（EU）か反リベラル（ポピュリズム）か

「反リベラル・デモクラシー」の宣言

二〇一八年、ハンガリーのオルバン首相は、経済的に伸長著しい中国やブラジル、ロシア、インドを引き合いに出して、EUのリベラル・デモクラシーは時代遅れであり、自国の伝統的なキリスト教民主主義を主張して「反リベラル・デモクラシー（illiberal democracy）」の国家を建設すると宣言した。そこでは、EUに対抗して、多文化主義、開放的な移民・難民政策、LGBT（性的少数者）などを否定する立場が表明されたのであった。その結果、近代立憲主義の基本原理とされる司法権の独立や表現の自由の中心にあるメディアの政権批判、大学改革による批判的学問を弾圧する制度を憲法改正を通じて行い、選挙による多数派確保を図ることでもう一つの基本価値である民主主義の原理を利用して自己の正当化を行う。「法と正義」の政権下にあるポーランドもそれをまねることで、EUに対抗しようとしている。Brexit のようにEUからの離脱を望まずに、EUに反抗する「反リベラル・デモクラシー」にEUは分裂せずにどのように対処し得るのか。この点、ヨーロッパ統合のモデルとされたUEFAに擬えて考えればどうなるかを最後に検討してみよう。

ルール破りの現行犯

ポーランドやハンガリーの反リベラルな政策は、新興のサッカーチームが従来のルールで戦ったら伝統的な強豪チームに勝てないから、ルールを自チームに有利になるように勝手に変更して自チームの試合に適用するようなものと考えることができる。例えば、自チームだけ手でボールを操作したり、相手を故意に倒しても反則にならないなどのルールを試合に適用して実施することを考えれば、そのような試合は、もはやサッカーという競技で戦っているとはいえないことになろう。サッカーに限らず、スポーツは公平・公正さを基本とする。それを実現するためにスポーツ固有法としての競技ルールがある。リベラルでは勝てないから反リベラルで行くというのは、もはやＥＵの基本ルールを完全に無視する所業といえる。確かに、東欧諸国は、ＥＵに加盟すれば豊かになれると考えてそれがインセンティブになってＥＵ加盟国の仲間入りをしたといえる。ところが、旧ソ連の支配下にあったときに抑圧されていた自国の伝統や文化をようやく実現できると思っていた矢先に、加盟国になってもＥＵからは自国の伝統や文化は無視されるような形で西側のイデオロギーを押し付けられ、そのうえ必ずしも豊かになれない現状に気づき、それが東欧諸国の市民にとっての大きな不満となって爆発しているということができる。つまり、ＥＵ加盟国になれば豊かになれるというのは幻想で、相変わらず外部からの抑圧に耐えなければならないという被害者意識のようなものが湧きだして、ＥＵの基本ルールを故意に破っているという状態にあるのである。

再びサッカーを考えてみよう

しかし、このようなポピュリズムの台頭と反リベラルの政策が、まさにEUを揺さぶり、動揺させている。そこで、ヨーロッパ統合の出発点としてモデルにされたヨーロッパ市民に共通の文化的触媒となるサッカーを考えてみよう。UEFA加盟の各国のサッカーは、競技ルールを共通にして展開されているものの、すべての加盟国が同じように強豪国になっているわけではない。EUから離脱した英国がサッカーというスポーツを生み出した母国であるといっても、英国が常に第一位の強豪国になっているのではなく、二〇一四年のワールドカップ・ブラジル大会ではドイツが、二〇一八年ワールドカップ・ロシア大会ではフランスが優勝している。それは、フェアプレーを貫徹するための同じ競技ルールの下でも戦術を変えれば強豪国の仲間入りができるということを示している。ドイツやフランス、イタリア、スペイン、イングランドといった強豪国相手でも、ベルギーやオランダといった西側の小国はいうまでもなく、東側のポーランドやクロアチアも強豪国の仲間入りができているのである。共通のルールの下でも戦い方を考えて、それを実践すれば、強豪国相手であっても試合に勝つ可能性はある。その戦い方は、まさにそれぞれの国のチームにあった戦法になるはずで、他国の真似をするものでは決してないはずである。同じことはEUでもいえる。基本価値としてのリベラル・デモクラシーの下で、その展開の仕方、内容の具体化に加盟国自身の文化や伝統を織り交ぜていけばいいだけである。同じヨーロッパで展開されていた近代の主権・国民国家である以上、ＥＵの共通のルールを自国の文化や伝統に基づいて具体化できるはずである。しばしば「ヨーロッパ人という民族は存在しない」といわれるが、それは当然で、だからこそ多様性・多文化・多元主義が強調されるのである。Brexit で英国は抜けたが、サッカーという共通の競技ルールを持つＵＥＦＡをモデルに、もう一度、共通ルールとしてのリベラル・デモクラシーの可能性と、ヨーロッパの統合を目指すＥＵの回復力を信じて、大陸ヨーロッパの平和と繁栄のために「多様性における統一」に賭けてみることが重要ではないかといえる。

◇本書執筆に際しての参考文献

〈日本語文献〉

・井上典之「スポーツ・個人・立憲国家――ドイツ・ヨーロッパにおける人権問題の一断片」神戸法学雑誌四九巻一号一頁（一九九九年）
・中西優美子『ＥＵ法』（新世社、二〇一二年）
・庄司克宏『欧州ポピュリズム――ＥＵ分断は避けられるか』（ちくま新書、二〇一八年）
・中村民雄『ＥＵとは何か――国家ではない未来の形（第三版）』（信山社、二〇一九年）
・Ｊ・ハーバーマス（三島憲一監訳）『デモクラシーか資本主義か――危機の中のヨーロッパ』（岩波書店、二〇一九年）
・Ｊ・ハーバーマス（三島憲一／速水淑子訳）『ヨーロッパ憲法論』（法政大学出版局、二〇一九年）
・高松平蔵『ドイツのスポーツ都市』（学芸出版社、二〇二〇年）
・鶴岡路人『ＥＵ離脱――イギリスとヨーロッパの地殻変動』（ちくま新書、二〇二〇年）
・中西優美子「コロナ問題にかかわるＥＵ構成国の国境管理と域内市場」ＥＵ法研究八号一

頁（二〇一〇年）

〈欧文文献〉

・James A.R. NAFZIGER, International Sports Law, 2nd ed. Transnational Publishers, INC, 2004.
・Robert C.R. SIEKMANN & Janwillem SOEK（ed.）, The European Union and Sport: Legal and Policy Document, T・M・C・ASSER PRESS, 2005.
・Manfred ZULEEG（Hrsg.）, Europa als Raum der Freiheit, der Sicherheit und des Rechts, Nomos, 2007.
・Jochen FRITZWEILER, Bernhard PFISTER & Thomas SUMMERER, Praxishandbuch Sportrecht, 2. Aufl., C.H. Beck, 2007.
・Peter HÄBERLE & Markus KOTZUR, Europäische Verfassungslehre, 8. Aufl., Nomos, 2016.
・Ivan KRASTEV, Europadämmerung: Aus dem Englischen vom Michael Bischoff, Suhrkamp, 2017.
・Federico FABBRINI（ed.）, The Law & Politics of Brexit, OXFORD University Press,

2017.
・Ester HERLIN-KARNELL, The Constitutional Structure of Europe's Area of 'Freedom, Security and Justice' and the Right to Justification, HART, 2019.
・Christian CALLIESS & Gerhard van der SCHYFF, Constitutional Identity in a Europe of Multilevel Constitutionalism, CAMBRIDGE University Press, 2020.

―――

・初出（但し、大幅に加筆・修正あり）

第三章　書斎の窓六二七号二頁（二〇一三年）
第四章　書斎の窓六二八号一二頁（二〇一三年）
第五章　書斎の窓六二九号一六頁（二〇一三年）
第六章　書斎の窓六三〇号二頁（二〇一三年）
第一〇章　書斎の窓六三五号一九頁（二〇一四年）
第一一章　書斎の窓六三六号一四頁（二〇一四年）
第一二章　書斎の窓六三七号二六頁（二〇一五年）

〈著者紹介〉

井上　典之（いのうえ　のりゆき）
神戸大学大学院法学研究科教授。博士(法学)(大阪大学)

大阪府大阪市出身。神戸大学法学部を卒業後、大阪大学大学院法学研究科で法学修士を取得、博士後期課程は単位修得退学。その後、大阪学院大学法学部専任講師、助教授、神戸大学法学部助教授、教授を経て現職。1996年１月に大阪大学より博士(法学)学位取得。2009年から2011年まで神戸大学大学院法学研究科長（法学部長）、2013年から2019年までは神戸大学理事・副学長（国際・内部統制担当）。主要著書として、『司法的人権救済論』（信山社、1992年）、ペーター・ヘーベルレ『基本権論』（編訳、信山社、1993年）、『憲法判例に聞く』（日本評論社、2008年）、『憲法の時間』（編著、有斐閣、2016年）、『ＥＵの揺らぎ』（編著、勁草書房、2018年）、『「憲法上の権利」入門』（編著、法律文化社、2019年）などがある。日本公法学会理事、日本ＥＵ学会理事、国際人権法学会会員。2019年にＥＵ・欧州委員会よりジャン・モネ・チェア（Jean Monnet Chair）の称号を受ける。

信山社新書

スポーツを法的に考えるⅡ
――ヨーロッパ・サッカーとＥＵ法――

2021(令和３)年６月30日　第１版第１刷発行

©著　者　井　上　典　之
発行者　今　井　　　貴
　　　　稲　葉　文　子
発行所　㈱　信　山　社
〒113-0033 東京都文京区本郷6-2-102
電話 03(3818)1019　FAX 03(3818)0344

Printed in Japan, 2021　　印刷・製本／藤原印刷株式会社

ISBN 978-4-7972-8107-1 C1231